인간의 출현과
자본-식민주의 비판

내전과
위생

저강도 총서 1

김항 지음

인간의 출현과
자본-식민주의 비판

내전과 위생

yeon/doo

차례

책머리에 7

프롤로그: 사물의 물신성과 음성의 주술성 11

1장 혐오, 음모, 그리고 내전:
집단학살의 패러다임과 정치적인 것의 상황 35

2장 내전과 현대 민주주의의 상황:
슈미트의 『리바이어던』 해석을 중심으로 55

3장 너무 많이 알아버린 남자:
내전을 살다간 최인훈 84

4장 인간이라는 분할과 노동:
벤야민과 크라카우어의 경우 112

5장 내 몸을 논하지 말라:
법의 불안, 신학의 곤혹, 그리고 철학의 여백에 대하여 137

6장 아시아라는 은어와 비판의 탈취脫臭/奪取:
선진국 서사와 식민주의 비판 158

7장 품성론의 역습:
해방 후 동아시아 식민주의의 변형과 존속 176

에필로그: 혐오, 광주, 그리고 유신 체제 212

책머리에

이 책은 지난 7~8년 동안 쓴 글들을 고치고 엮은 것이다. 논문으로, 비평으로, 발표로 세상에 선보인 방식은 제각각이지만 큰 틀에서 '내전과 위생'이란 주제를 염두에 두고 썼다. 그리 짧지 않은 시간 동안 슈미트와 아감벤을 읽으며 내전에 몰두했고 자연스레 위생이란 주제로 이끌렸다. 이론적 관심만은 아니었다. 지난 몇 년 동안의 상황 또한 내전과 위생의 개념을 요청했기 때문이다. 스케치해보면 이렇다.

2018년 가을 서울의 한 대학에서 총여학생회를 폐지하자는 움직임이 있었다. 이른바 백래시backlash를 이끈 치졸한 단결이 곳곳에서 행패를 부리기 시작한 때였다. 단결한 이들은 당시 총여학생회가 기획한 강연회를 빌미 삼아 폐지를 선동했고, 안팎의 지원으로 기세등등해진 끝에 그럴듯한 카드 뉴스까지 만들었다. "자의적 해석에 따른 선택적 인권 보호의 위험"을 극복하여 "보편 인권에 따른 모든 **인의 인권 보호"를 추구하겠다는 내용이었다. 이후 상황은 투표로 이어졌고 총여학생회는 결국 폐지되었다. 마음은 어지러웠지만 머리는 명료했다. 그들의 행태가 전형적인 내전의 전개였기 때문이다.

그것은 오랜 짓눌림을 뚫고 나온 목소리를 "**인"이라는 전칭全稱적 규정을 내세워 잠재우는 혐오의 폭력이었고 필연적으로 역사적이고 정치적인 위생화를 동반한다. 진보와 변혁에 드리운 남성중심주의를 문제화하며 등장한 페미니스트 총여학생회의 역사와 정치가 "보편 인권"이란 미명 아래 "역사 세탁 history laundry"의 대상이 되었으니 말이다. 길고 험난했던 총여학생회의 역사와 정치는 치졸한 집단이 휘두른 보편 인권이란 사이비 규범 앞에서 속수무책으로 무장 해제되고 말았던 것이다.

모 대학의 총여학생회 폐지를 둘러싼 난장판은 보편 인권을 내세운 인권의 탈역사화이자 탈정치화였다. 내전과 위생이 이론 차원에서만이 아니라 상황이 강제한 관심이었던 까닭이다. 이 책의 에필로그에서도 참조했지만 내전과 위생에서 비롯된 혐오의 폭력은 유력 정당 대표의 장애인 시위 관련 발언에서도 반복되었다. 그는 '선량한 시민'이란 전칭적 규정으로 장애인 시위를 특정 집단의 이기적 행위로 몰아세웠다. 낯설지만은 않았다. 인간, 국민, 시민뿐 아니라 지역, 학교, 직장 등 구성원 모두를 균질적으로 호명하면서 소수자를 배제하고 억압하고 말살하려는 시도는 도처에서 반복된 바 있으니 말이다.

이러한 전칭적 규정과 혐오의 폭력 사이의 연루는 내전과 위생의 귀결이다. 아래에서 본격적으로 논의되겠지만 내전이란 '너는 누구냐'는 심문을 반복하여 적을 색출함으로써 전칭적 집단을 규정하는 정치적 수행이며, 이 과정을 통해 성립하는 전칭적 집단은 그 어떤 이질적 요소도 허용하지 않는 위생에 집착한다. 총여학생회 폐지와 같은 해 제주도 예멘 난민 사태로 촉발된 한국 사회의 광기가 그랬고, 퀴어 퍼레이드 주변을 포위하면서 순결을 강조하는 종교 집단이 그랬다. 그리고 내전과 위생이 한국 사회를 넘어 전 지구적 차원에서 전개되어왔음을 부정할 수는 없을 것이다. 이 책이 내전과 위생을 통해 자본-식민주의 비판을 전개하려는 까닭이다. 근대의 자본-식민주의 비판에 규범적 근거를 제공해왔던 '보편 인권'이란 이념이 거꾸로 인권의 역사와 정치를 짓밟고 망각의 구멍으로 내모는 사태, 이런 역설적 상황을 이해하고 재검토하는 것이 이 책의 목적이다.

프롤로그에서는 최근 활발히 논의되는 비판 문법의 갱생, 즉 신유물론, ANT$^{\text{Actor Network Theory}}$, 사변적 실재론 등을 염두에 두면서 '인간'이라는 고약한 개념이자 실존을 문제화한다. 이를 통해 이 책이 최근 비판 담론과 어떤 거리를 두면서 자본-식민주의 비판을 수행하려 하는지 좌표를 설정했다.

1장과 2장에서는 슈미트와 아감벤을 중심으로 내전론을 전개했고, 3장에서는 이에 바탕을 두고 현대 한국의 문제적 지성 최인훈의 궤적을 추적해보았다. 내전론의 윤곽이 가시화되기를 기대해본다.

4장에서는 크라카우어를 읽는 벤야민을 참조하면서 마르크스주의의 인간과 노동 개념을 재검토했고, 5장에서는 호모 사케르 시리즈로 수행된 아감벤의 웅장한 기획을 육체의 문제로 재해석했다. 연속하는 두 장을 통해 전칭적 규정의 대표 격인 인간이 내포한 문제가 무엇인지, 그리고 인간에게 육체를 되돌려준다는 일이 어떤 정치적 과제인지를 부족하나마 성찰의 대상으로 삼았다. 내전과 위생이 지속되는 상황 속에서 인간은 인간이기를 그쳐야 비로소 인간이 될 수 있을지도 모른다는 전망이 어떻게 전달될지 모르겠다.

6장과 7장에서는 현대 한국에서 전개되고 지속된 식민주의 문제에 천착했다. 선진국, 아시아, 그리고 주사파 등을 논제로 삼아 비판을 전개했는데 어떻게 식민주의의 지속이 여러 영역에 걸친 위생 집착으로 귀결되는지를 드러내려 했다.

에필로그에서는 광주와 유신 체제를 다시금 돌아봄으로써 내전과 위생이 현재의 혐오 폭력으로 발현되는 양상을 추적한 뒤 현재 지구상에서 인간이, 국민이, 시민이 된다는 사태의 의미를 되물었다.

부족하고 미흡하기 짝이 없지만 강호 재현의 응수와 일갈이 있다면 더할 나위 없는 기쁨이겠다.

2024년 8월 1일
김항

프롤로그:
사물의 물신성과 음성의 주술성

인간의 종말?

인간이 말썽인가 보다. 인간이 저지른 크고 작은 과오야 유사 이래, 아니 선사 시대부터 일일이 셀 수 없을 정도겠지만 이번에는 그 스케일이 남다르다. 무려 우주의 기운과 맞먹는 흔적을 지구에 남기게 되었으니 말이다. 지질 시대의 범주들이 지질학이나 고생물학의 주된 사건 기준으로 지구 역사를 분절한다고 할 때 각 범주를 가르는 주요 사건들은 지각 변동이나 기후 변화, 즉 우주의 기운에 따른 결과였다. 하지만 이번에는 다르다. 인간 문명이 사건을 일으킨 주범으로 지목되었기 때문이다. 아득한 우주의 무한을 생각하면 한낱 먼지조차도 될 수 없는 인간이 지구 역사에 각인을 남기고 만 것이다. 인간이 등장한 이래 최고의 쾌거라 환호를 지를 만한 일일지도 모르지만 날이 갈수록 극한 체험의 강도를 더해가는 기후 변화 속에서 사태는 불안과 공포의 탄식을 낳았다. 그리하여 지금 비판 담론은 떠들썩하게 인간을 힐난하고 있다.

신유물론, ANT, 사변적 실재론 등 최근 몇 년 사이 비판 담론에서 자주 마주치는 말들이 있다. 그 안에서는 인간을 문제 삼으며 비판의 시각과 문법이 바뀌어야 함을 설파한다. 주장의 대강은 이렇다. "오늘날 우리가 중심적인 행위자 또는 그저 일개의 행위자로 포함된 실재 세계에서 점점 더 선명하게 드러나는 물질적 존재들의 변화"[1]에 눈과 귀를 기울여야 하며, "인류세의 위기에 적절하게 대처하기 위해서는 물질의 행위성을 긍정함으로써 인간중심주의에서 벗어나 인간과 지구 시스템의 관계를 새롭게 정립"[2]해야 한다.[3]

물론 인간이 비판 담론에서 문제시된 것은 새삼스럽지 않다. 감히 알려고 하라는 계몽(칸트)이든 탈주술화(베버)든 이렇게 통치 당하려 하지 않을 의지(푸코)이든 인간은 언제나 비판의 중심에 있었고 그런 탓에 문제시되었다. 인간의 본래적이지 못한 실존 양태(하이데거)나 소외된 상태(사르트르)의 극복을 지향하든 인간을 주체로 만드는 구조(알튀세르)나 권력 네트워크(푸코)를 문제화하든 문명이 거꾸로 야만이 되는 계몽의 변증법적 전도(비판이론)를 파헤치는 비판 속에서 인간은 언제나 중심이자 임계에 자리했던 것이다.

이렇듯 진정한 인간을 되찾든 권력/구조가 인간을 구성하든 인간의 자기 파괴를 경고하든 비판 문법의 주체와 객체가 인간이었던 한에서 한 고고학자가 지난 세기 중반에 예언한 인간의 사라짐이 실현된 것은 아니다. 인간은 비판 속에서 언제나 상처투성이였지만 그 자리를 굳건히 지켰던 셈이다. 예언은 이랬다.

사유의 고고학이 분명히 보여주듯 인간은 최근 시대에 발견된 형상이다. 그리고 아마 종말이 가까운 발견물일 것이다. (…) 만약 그 배치가 출현했듯 사라지기에 이른다면 18세기의 전환점에서 고전주의적 사유의 밑바탕이 그랬듯 만약 우리가 기껏해야 가능하다고만 예감할 수 있을 뿐이고 지금으로서는 형태가 무엇일지도, 무엇을 약속하는지도 알지 못하는 **어떤 사건에 의해** 그 배치가 뒤흔들리게 된다면 장담할 수 있건대 인간은 바닷가 모래사장에 그려 놓은 얼굴처럼 사라질지 모른다.[4](강조는 인용자)

고고학자가 볼 때 인간은 특정 지식 산출의 조건(인용문에서는 배치) 위에서 비로소 등장한다. 그 조건의 세목(노동, 생명, 언어)을 여기서 일일이 살펴볼 수는 없지만 인간이 지식을 조직하는 한가운데에 자리한 것은 그리 오래된 일이 아니다. 그리고 고고학자는 인간이 사라질 거라 예언한다. 하지만 그 예언은 전망과 귀결과 일정에는 침묵한 채 이뤄졌다. 그저 "어떤 사건에 의해"라는 예감만을 제시하면서. 하나의 질문이 떠오른다. 그렇다면 인류세와 최근 비판 담론으로 그 "어떤 사건"은 비로소 일어나고 있는 것일까?

노동가치론이라는 형이상학

숙련 노동은 단순 노동을 강화한 것 혹은 몇 겹의 단순 노동이기 때문에 주어진 숙련 노동은 많은 양의 단순 노동과 동일하다. 경험이 알려주는 바에 따르면 숙련 노동의 단순 노동으로의 환원은 언제나 이뤄진다. (…) 여러 종류의 노동이 척도 단위로서의 단순 노동으로 환원되는 비율은 생산자 배후의 사회적 과정을 통해 확정되며 생산자는 그것을 관습적으로 안다. 이하에서는 모든 종류의 노동력을 단순한 노동으로 간주한다.(칼 마르크스, 『자본』 1권 1장 2절)

이것은 노동가치론이 경제학의 문턱을 넘는 장면이다. 숙련 노동skilled labor은 양적으로 분해되어 단순 노동simple labor을 단위로 하는 단일 척도로 가늠된다. 구체적 유용 노동과 사회적 추상 노동의 구분으로도 변주될 이 조작을 통해 개별 노동 각각의 고유성은 균질적 활동으로 환원되어 양적으로 측정된다. 그것은 이론적으로는 시간 단위로 측정될 것이며, 현실 사회에서는 화폐라는 물신을 통해 가격으로 표현될 것이다.

이 원천적 장면은 이른바 '전형 문제transformation problem'로 알려진 마르크스주의 경제학의 논쟁으로 이어진다. 전형 문제란 생산 가치와 생산 가격 사이에 개재하는 이론적 난점으로, 『자본』이 출간된 직후부터 20세기를 관통하여 수많은 논자가 다양하고 중층적인 의제를 둘러싸고 논쟁을 전개했다. 물론 이 짧은 지면에서 논쟁의 다양한 분기와 귀결들을 일별하는 일은 주된 관심이 아니다. 문제는 가치와 가격 사이의 관계가 전도된 순환논법에 갇혀버린다는 마르크스주의 경제학의 이론적 난점이다.

여러 개별 노동이 단순 노동으로 분해되고 계산되는 방식은 "생산자 배후의 사회적 과정"을 통해 확정된다는 표현에서도 알 수 있듯 노동 가치는 그 자체로서가 아니라 국가, 시장, 관습 등 여러 사회적 과정을 통과해 양적 척도로 환원된다. 앞서 말한 전도된 순환논법은 여기서 발생한다. 마르크스Karl Heinrich Marx에 따르면 생산 가격은 상품에 투하된 가치의 총량과 동일하다. 현실에서는 시장 상황(수요-공급)에 따라 상승과 하강을 반복하지만 이론상 가치와 가격은 일치한다. 그러나 상품에 투하된 가치의 양이 "생산자 배후의 사회적 과정"을 통해 확정된다면 결국 가치는 화폐로 표현되는 시장 가격에 따라 확정될 수밖에 없다. 왜냐하면 국가, 시장, 관습 등 여러 복합적 사회 과정이 가치를 확정하여 표현하는 형태는 화폐 형태의 가격일 수밖에 없기 때문이다. 즉 가치가 가격을 규정하고 가격이 가치를 확정하는 순환논법이 마르크스주의 경제학의 한가운데에 자리하게 되는 셈이다.

100년 가까이 전개된 논쟁의 귀결 중 하나는 그래서 결국 노동가치론의 위상에 관한 물음이었다. 많은 논자가 노동가치론이 불필요하며, 시장과 가격의 동학만으로 논리적 일관성을 획득할 수 있다고 결론 내렸다. 결국 노동가치론은 마르크스주의의 형이상학으로 치부되었고, 노동가치론의 위상 추락과 함께 마르크스주의 경제학은 헤게모니를 잃어갔다. 그런데 마르크스가 개별 노동을 추상 노동으로 환원하고, 그것을 통해 가치와 가격 문제의 해결을 추구한 것은 과연 형이상학이었을까? 다시 말해 정치경제학 비판이라는 기획은 노동가치설이 형이상학이기 때문에 실패한 것일까?

다시 정치경제학 비판으로

서두에서 언급한 고고학자가 유럽의 지식 지층에서 인간이란 에피스테메를 발굴할 때 노동은 중요한 계기 중 하나였다. 부의 표상에서 부의 원천으로 지식 패러다임의 변천을 탐구하는 가운데 고고학자는 노동이란 범주의 등장을 커다란 지각 변동의 진원으로 지목한다. 길드가 상공업을 지배하는 체제 안에서 노동이란 일반 범주는 존재하지 않는다. 목공업, 섬유업, 제빵업, 제철업, 주류업 등 다양한 상공업은 저마다 고유의 수호성인을 갖는 개별 기능/기예였기 때문이다. 하지만 중농주의와 계몽주의 이념(부의 원천은 노동이다)이 노동을 개별 생산 활동을 포괄하는 범주로 만들어냈고, 이후 프랑스혁명의 계급 대립 속에서 현실 속 계급 정체성(노동계급)으로 육화된다.[5] 계몽주의와 혁명의 어우러짐을 통해 노동은 근대 정치경제 체제의 한가운데에 자리하게 된 것이다.

주지하다시피 중농주의에서 리카도David Ricardo까지 노동가치설은 부르주아 이데올로기였다. 자유방임 시장을 경제 활동의 기본 제도로 삼기 위해서는 길드의 특권을 타파하고 직군에 따른 생산물을 균질적 상품으로 형질 변화시킬 필요가 있었다. 서로 환원할 수 없는 각 길드 고유의 기능/기예가 아니라 재화를 생산하는 균질적 노동이 요청된 까닭이다. 그리하여 혁명은 길드를 파괴하고 시장과 노동의 승전보를 알렸다. 이 상황에서 당대의 노동계급과 사회주의자들은 시장과 대립하기 시작했다. 길드 장인에 대한 인격적 예속에서 시장에 대한 추상적 종속으로 형태가 변했을 뿐 직접 생산 현장에서 피와 땀을 흘리는 이들은 여전히 억압과 착취 속에 머물렀기에 그렇다.

이에 비춰볼 때 마르크스의 노동가치론은 혁명 속 노동 범주의 변증법적 전개에 대한 이론화라 해석할 수 있다. 그것은 실증주의적 의미에서의 과학을 지향했다기보다는 혁명을 배경으로 한 부르주아 경제학, 즉 정치경제학 비판이었던 것이다. 전형 문제의 귀결 또한 이런 맥락에서 해석되어야 한다. 그것은 수리경제학의 정합성을 앞세운 부르주아의 정치적 공격이었다고 말이다.[6] 따라서 전형 문제의 해결 실패는 형이상학의 실패가 아니다. 문제는 계급 정치의 대립이다. 이런 측면에서 보자면 전형 문제는 애초부터 패배가 예견된 논쟁이었을지 모른다. 정치경제학 비판을 부르주아 과학의 언어와 범주로, 즉 수리경제학으로 변증하려는 시도였기 때문이다. 그래서 노동가치설이 형이상학이라는 부르주아 과학의 이데올로기는 재고되어야 한다. 정치경제학 비판이 정치경제학의 척도로 가늠될 수는 없지 않은가.

알튀세르와 이론적 반인간주의

알튀세르Louis Pierre Althusser를 인용하자면 전형 문제는 이론에서의 계급투쟁을 방기한 전형적 사례다. 익히 알려진 바와 같이 알튀세르는 『독일 이데올로기』를 기점으로 마르크스에게 인식론적 단절이 있었고, 이후 소외와 같은 비과학적 개념이 일소되고 『자본』으로 집대성될 과학적 대륙의 발견이 시작된다고 주장했다. 이것은 당대 프랑스 공산당을 지배하던 인간주의적 마르크스주의(소외의 극복)에 대한 이론적 개입이었다.

 이 도발적 개입에 강호의 고수들이 잠자코 있을 리 없었다. 그중에서도 내공이 으뜸이었던 루이스John Lewis는 차분하고도 두터운 문헌 독해를 통해 알튀세르의 경공술에 응수했다. 그는 『독일 이데올로기』에는 비록 소외라는 단어가 적게 등장하지만 『정치경제학 비판 요강』에는 소외라는 개념이 주요한 분석 단위로 등장함을 주장하면서 이른바 이론적 단절이란 주장을 일소에 붙였다. 그리하여 청년 마르크스부터 『자본』에 이르는 지적이고 실천적인 여정은 인간 소외의 극복을 향한 원숙한 성장의 과정임을 설파하면서 마르크스주의로부터 인간을 말소하려는 알튀세르 일파를 진중히 타일렀다.[7]

알튀세르는 "존 루이스에게 보내는 편지"와 "자아비판의 요소들"을 통해 응전했다. 그런데 그가 시전한 것은 상대의 공격을 차단하고 공세로 전환하는 초식이 아니었다. 오히려 알튀세르는 조용히 스스로를 성찰하는 톤을 선택한다. 창과 칼을 상대에게 겨누는 대신 녹을 닦고 날을 갈며 자신의 행보를 하나하나 짚어가면서 내공을 가다듬은 것이다. 강호의 반응은 썰렁했다. 화려하고 격렬한 공중전이 벌어질 것으로 여겼는데 알튀세르가 전투를 회피한 것처럼 보였으니 말이다. 하지만 알튀세르의 성찰은 진중했고 묵직했다. 그것은 아마도 이 전투가 전형적인 부르주아 철학의 반복임을 깨달았기 때문일 것이다. 그에게 철학적 논쟁은 아무런 의미가 없었다. 그것이 어떤 철학자에 대한 유일하고 진실된 해석의 권위를 차지하기 위한 것이라면 말이다.

루이스는 시종일관 알튀세르의 마르크스 해석이 문헌학 수준에서 미흡한 것임을 논증하며 자신이야말로 마르크스의 진의를 정확히 파악했음을 주장했다. 하지만 알튀세르에게 그런 문헌학과 마르크스의 진의는 중요치 않았다. 그에게 중요한 것은 어디까지나 이론적 계급투쟁, 즉 철학을 투쟁의 장으로 전유하는 일이었기 때문이다. 그것은 진리로서의 마르크스주의를 구축하는 것이 아니라 마르크스주의를 부르주아 과학의 침투로부터 지켜내는 일이었다. 달리 말하자면 부르주아 철학의 내용뿐 아니라 권위-진리를 체현하는 그 형식에 대한 전투가 다름 아닌 마르크스주의였던 셈이다(알튀세르가 말한 마르크스의 새로운 대륙의 발견이란 이 철학의 전투다). 전형 문제처럼 수리경제학이 노동가치설을 형이상학이라 낙인찍으며 마르크스주의 자체를 붕괴시키는 사태야말로 알튀세르가 싸우고자 했던 철학의 전투였던 것이다.

이것이 알튀세르의 이론적 반인간주의가 의미하는 바였다. 그가 보기에 마르크스주의 안에 '인간'이 자리를 차지하는 한 마르크스주의는 부르주아 철학(그것은 결국 권위-진리의 이데올로기다)의 테두리 안에 포섭되어 붕괴에 이를 수밖에 없다. 전형 문제가 정치경제학 비판을 정치경제학의 용어와 범주와 논리로 가늠하는 전도에 갇혔다면, 마르크스주의 내부의 인간주의는 노동계급을 인간이라는 전형적인 부르주아 이데올로기로 가늠하는 치명적 오류였기에 그렇다. 알튀세르를 따라 정치경제학 비판이 재생되는 길을 다시 열어볼 수 있지 않을까? 인간 비판을 통해 노동가치설에 내장된 정치경제학 비판의 가능성을.

유한성의 구조적 전도

개인이 자기 지식의 주체도 객체도 될 수 있다는 가능성은 유한성finitude의 구조적 전도를 내포한다. 고전주의의 사유에서 유한성은 무한성의 부정에 지나지 않았다. 그러나 18세기 말에 형성된 사유는 유한성에 실정적positive 힘을 부여했다. 이때 등장한 인간학의 구조가 한계를 구획하는 비판과 기원을 확정하는 정초의 역할을 동시에 떠맡는다. 실증 의학positive medicine의 조직을 위한 철학적 조건은 이 역전에 있다. 경험적 차원에서 보자면 실증 의학은 근대인이 그

의 원천적 유한성과 한데 묶이는 시작을 거꾸로 알렸다.[8]

이 인용문은 『말과 사물』에서 탐사될 지식 지층에서의 인간 출현을 예견한다. 노동, 생명, 언어라는 세 가지 계기를 통해 지식의 주체이자 객체가 될 인간은 무엇보다도 먼저 스스로의 '유한성'을 적극적으로positively 수용하여 실존과 성찰의 매트릭스로 삼는다. 유한한 인간 혹은 인간의 유한성이란 고전주의 시대까지 신의 무한성에 견주어 하찮은 것, 지식 지층에 어떤 흔적도 남기지 못하는 무의미한 성격이자 개념이었다. 지각 변동은 '유한성의 구조적 전도'에 있다. 지식이 신의 무한성을 원천으로 삼아 조직될 수 있었던 시대에서, 무의미하고 무가치했던 인간의 유한성에 기초하여 조직되는 시대로의 이행 속에서 인간은 출현한다. 그 출현 과정의 세세한 드라마는 『말과 사물』을 참조할 수밖에 없겠지만 '유한성의 구조적 전도'란 표현을 천천히 음미해보는 일은 중요하다.

인간의 유한성이란 인간이 언젠가 죽는다는 사실을 의미한다. 따라서 인간의 출현은 죽는다는 사실 위에 삼라만상의 지식을 쌓아 올림으로써 가능해진 사태다. 오랫동안 유럽을 지배해온 기독교 안에서 죽음을 사실로 간주하여 지적 조직화를 기획한다는 것은 불가능한 일이었다. 유한한 것은 육신일 따름이고 죽음은 영혼이 그 유한성으로부터 해방되어 피안의 세계로 나아가는 한 계기에 지나지 않았기 때문이다. 즉 죽음은 영혼이 유한한 육신을 벗어나는 사건이기에 신의 무한성에서 보자면 무의미한 지상 물체의 사라짐 이상도 이하도 아니었던 셈이다. 따라서 유한성의 구조적 전도란 영혼과 육신의 위계가 붕괴됨을 내포하는 사태이며, 육체를 매개로 한 지상의 여러 사건이 지식의 조직화를 위한 기초가 됨을 뜻한다.

그런 의미에서 유한성의 구조적 전도란 무엇보다도 먼저 인간 육체의 위상 변화다. 임상의학이 육체를 시선의 대상으로 삼으면서 탄생한 까닭이 여기에 있다. 인간이 죽는다는 사실이 육체를 객체로 만들 수 있었고, 육체가 시선의 대상이 됨에 따라 죽는 인간은 지식의 주체이자 객체일 수 있게 된다. 푸코 Michel Paul Foucault가 유한성이 의학의 철학적 기초이고, 육체가 유한성의 경험적 기초라 말한 이유가 여기에 있다. 이렇듯 죽음과 육체, 즉 유한성은 추상 관념과 경험 실체의 차원에서 인간학 anthropology의 구조적 전도를 이루며 인간을 출현시키는 것이다. 푸코가 말한 인간 출현의 세 가지 계기인 노동, 생명, 언어는 이 구조적 전도를 분절하는 새로운 인간학의 대상 영역이 된다. 노동, 생명, 언어 모두 유한한 지상 세계를 이해하기 위한 매개 개념이다. 노동을 통해 인간은 자연을 객체로 만들어 유한 세계를 의미화할 것이고, 생명은 저차원에서 고차원의 생물까지를 아우르며 유한성을 가시화할 것이며, 언어는 신의 로고스를 참조하는 일 없이 지시와 소통을 역사화할 것이다. 이렇게 인간은 지식 지층에 스스로의 흔적을 새기기 시작한다.

하지만 과연 이렇게 출현한 인간은 유한한 것일까? 아니 자신의 유한성에 기초하여 지식을 조직할 수 있었을까? 근대의 인간이 죽음으로 향하는 본래적 실존성을 망각했다고 누구보다 한탄한 사람은 유한성의 철학자 하이데거 Martin Heidegger였다. 하이데거의 심려를 진지하게 고려한다면, 동시에 푸코의 고고학적 성과를 적극적으로 수용한다면 유한성을 기초로 출현한 인간은 과거의 어떤 인간보다도 자신의 유한성을 망각했다는 결론이 나온다. 이 사태를 어떻게 이해해야 할까?

인간이라는 비식별역

아감벤Giorgio Agamben은 『열림The Open』에서 푸코가 제시한 인간학의 고고학적 발굴에 재착수한다. 물론 발굴의 세세함에서는 푸코를 못 따라가지만 범위의 설정은 푸코를 훌쩍 뛰어넘어 시대와 분야를 종횡무진한다. 이를 통해 아감벤은 푸코가 말한 18세기 인간학의 구조 변동이 길고 깊은 계보에 속하는 변형임을 제시했다. 아감벤은 그것을 인간학적 장치anthropological machine라 명명하며 인간이란 스스로를 동물과 구분하면서 존립해온 이 장치의 산물이라고 정의한다. 다양한 영역에서 확인되는 장치의 흔적은 하나하나 흥미롭지만(생물학, 신학, 법학, 철학, 민속학 등) 핵심은 인간이란 모종의 분할과 배제의 효과라는 지적이다. 다시 말해 인간이란 결코 실정적positive으로 실존할 수 없고, 자신을 분할하거나 타자를 배제하면서 부정적negative으로 확립되는 존재인 것이다.

> 인간은 하나의 유類적 존재Gattungswesen인 바 이는 그가 실천적으로도 이론적으로도 유를 다른 사물의 유와 마찬가지로 자기 자신의 유도 자신의 대상으로 삼는다는 점에서뿐 아니라 또한 — 그리고 이것은 동일한 사태의 다른 표현이지만 — 그가 현재의 살아 있는 유로서 자기 자신과 관계한다는 점에서 보편적인 따라서 자유로운 존재로서 자기 자신과 관계한다는 점에서도 그러하다.[9]

동물은 일면적으로 생산하지만 인간은 보편적으로 생산한다. 동물은 직접적인 육체적 욕구의 지배 아래에서만 생산하지만 인간 자신은 육체적 욕구로부터 자유로이 생산하며, 그러한 욕구로부터의 자유 속에서만 비로소 진정으로 생산한다. (…) 이처럼 인간은 다름 아닌 대상적 세계의 가공 속에서 비로소 현실적으로 자신을 유적 존재로서 증명한다. 이 생산은 그의 활동적인 유적 생활이다. 이 생산에 의하여 자연은 인간의 작품으로서, 그리고 인간의 현실로서 나타난다. 따라서 노동의 목적은 인간의 유적 생활의 대상화다.[10]

이것은 알튀세르가 마르크스주의 안의 인간과 싸울 때 참조된 부분 중 하나로 자본주의의 노동 소외를 설명하기 위한 대목의 인간과 노동에 대한 설명이다. 마르크스에 따르면 인간은 유적 존재이고 노동은 유적 생활을 대상화한다. 여기서 유적 존재란 철저히 변증법적으로 이해된 철학 개념이다. 인간도 하나의 동물임은 말할 필요 없는 사실이다. 그런 한에서 인간도 자신의 육체적 욕구에 따라 생산할 것이다. 그러나 마르크스는 인간이 육체적 욕구로부터 자유로이 생산한다고 말한다. 여기서 인간의 생산 활동은 동물로서의 생산 활동과 분리됨과 동시에 그것을 배제함으로써 성립함을 알 수 있다. 한 사람이 생존을 위해 자연을 개간하여 밭을 일구는 행위는 궁극에서 자연을 인간의 작품으로 변모시키는 유적 존재의 생산 활동이 된다. 즉 사람들의 생산 활동은 필요의 충족을 넘어 자연 전체를 대상화하여 가공하는 생산 활동으로 변증법적 전환을 이룬다는 것이다.

자연과 자신을 구분하지 못한 채 필요를 채우기에 급급했던 즉자적 사람은 자연을 철저히 대상화하여 대립하는 대자적 인간으로 변모한다. 아니 이 대자적 존재로의 변환이야말로 인간인 것이며, 노동은 그것을 가능하게 하는 변증법적 실천 자체인 셈이다. 이렇듯 인간은 개별 사람을 초월한 곳에서 성립하는 변증법적 실천의 산물이다. 사람은 이제 서로 다른 즉자적 개체들로 존재하기를 그친다. 사람들은 다른 유, 자연, 사물 전체를 대상화하여 대립하는 유적 존재로 스스로를 추상화하여 이해한다. 하이데거의 심려와 푸코의 발굴은 여기서 조우한다.

마르크스의 유적 인간은 유한성을 모른다. 왜냐하면 필요에 종속되어 자연과 스스로를 분리하지 못하는 동물적 사람이 아니라 자연을 대상화하여 자유로이 작품화할 수 있는 인간은 육체를 갖지 않기 때문이다. 즉 동물로서의 자신을 분리하고 배제하는 한에서 성립하는 유로서의 인간은 죽지 않는다. 마지막 한 사람이 죽을 때까지, 아니 어쩌면 한 사람마저 죽어도 '인류humankind'는 사라지지 않을 것이기에 그렇다. 하지만 동시에 유적 존재로서의 인간은 어디까지나 유한성 위에서 출현할 수 있다. 육체 활동을 매개로 자연과 세계와 교섭하는 사람은 유한한 지상의 존재이기 때문이다. 따라서 유적 존재로서의 인간은 죽음이라는 절대적 사실성 없이는 존립하지 않는다. 그런 의미에서 유적 존재로서의 인간은 분열적이다. 죽는다는 조건 위에서 출현하지만 결코 죽음을 모르는 존재이기에 그렇다. 아감벤의 말을 빌리자면 인간이란 포함과 배제가 중첩되는 비식별역 자체인 셈이다.

계급투쟁과 식민주의 비판

마르크스의 노동가치론에 내장된 문제성으로 돌아갈 때가 왔다. 개별 노동을 단순 노동, 즉 사회적 추상 노동으로 환원하여 가늠하려는 마르크스의 가치론은 마치 유적 존재로서의 인간처럼 포함과 배제의 위상 속에 갇혀 있다. 개별 노동은 유용성(사용 가치)을 생산하지만 그것은 단순 노동의 양적 척도(교환 가치) 속에 융해된다. 육체가 인간에게 포함되지만 배제되는 것처럼 말이다. 노동가치설이 형이상학으로 낙인찍힌 이유, 즉 부르주아 과학의 이데올로기적 전략에 굴복한 까닭이 여기에 있다. 노동 가치가 가격과 가치의 순환논법으로 비논리화되는 것은 양적으로 환원된 가치만을 다뤘기 때문이다. 노동 생산물에는 양적으로 환원될 수 없는, 환원된 뒤에는 어떤 것이었는지 알 수 없지만 흔적으로 남은 생산자와 사용자 고유의 손길이 남아 있다. 교환 가치가 완전히 융해하지 못하는, 그야말로 화폐적 물신과 구분되는 사물의 물신성이라 불릴 만한 무언가가 말이다.

급전이 필요한 어떤 이가 전당포의 문을 연다. 그의 손에는 오래된 시계가 있다. 이윽고 시계는 화폐로 바뀌어 문을 나간다. 과연 정당한 거래였는지 모르지만 하나의 등가교환임이 틀림없다. 교환 가치로 이뤄진 서사는 여기서 끝난다. 하지만 손에 돈을 쥔 이의 서사는 여기서 끝나지 않는다. 그는 안간힘을 다해 다시 시계를 되찾으려 애쓸 것이다. 아버지의 유품일 수도 있고 전우의 위탁품일 수도 있고 과거 영광의 징표일 수도 있다. 사물에 깃든 가치는 어디에도 환원할 수 없는 고유한 singular 물신성을 갖는다. 사용이 단순한 필요의 충족을 넘어서는 사람과 사물 사이의 수행적 관계라면 사물의 물신성이야말로 유적 존재로서의 인간의 노동이 지워버린 생산과 사용의 흔적이다.

노동가치론에 내장된 이론적 계급투쟁의 가능성은 여기에 있는 것 아닐까? 자본주의 체제가 모든 것을 양적으로 환원하여 가늠하는 부르주아의 균질적 세계상을 충실히 실현한다면, 계급투쟁은 양적으로 환원되어 원래 가치를 알 수 없게 된 사물, 자연, 세계의 흔적을 발굴하려는 시도에서 출발해야 하는 것 아닐까? 이것이 바로 계급투쟁과 식민주의 비판이 만나는 지점이다. 스피박 Gayatri Spivak의 물음을 상기해 보자. "서발턴은 말할 수 있는가? Can the subaltern speak?" 물음은 이렇게 이해되어야 한다. "서발턴의 발화도 발화일 수 있을까? Can the subaltern speak?"

초판과 재판 사이에 많은 수정과 교정이 개재됐더라도 스피박이 비판을 개시하는 지점은 동일하다. 그것은 푸코와 들뢰즈를 범례로 삼아 유럽의 좌파 지식인이 제3세계의 투쟁을 전유하여 발화하는 방식이다. 이때 빈번히 등장하는 형용사가 바로 "투명한 transparent"임을 명심해야 한다. 가령 이렇다. "좌파 지식인들은 서발턴을 대변representing하면서 스스로를 투명하게 재현한다 representing themselves as transparent."[11], "사유의 혹은 생각하는 주체를 투명하거나 보이지 않게 transparent or invisible 만들면서 타자를 흡수하는 assimilate 가차 없는 인식을 숨기는 듯하다."[12] 물론 스피박의 논의는 복잡하기 이를 데 없지만 발화 자격을 가진 이들과 서발턴은 이렇게 배치된다.

한편에는 생각하고 발화(대변)하는 투명한 주체가 있다. 다른 한편에는 생각과 발화 모두가 투명한 주체로 흡수되어버린 서발턴이 있다. 많은 이가 이 구도에 응답했다. 서발턴의 목소리 없는 목소리를 들어야 한다고, 말할 수 없는 자들에게 자격을 주어야 한다고. 하지만 서발턴의 목소리는 진정 들을 수 없는가? 서발턴은 진정 말할 수 없는가? 아니 서발턴은 도처에서 외치고 누구보다 힘차게 소리친다. 문제는 목소리가 없거나 말할 수 없는 것이 아니라 외침이 발화speak로서 청취되지 않는다는 데에 있다. 흡수 당하기 때문이다. 육체를 가진 자라면 흡수할 수 없다. 목소리는 튕겨 나올 테니까. 투명하기에 흡수할 수 있다. 투명하기에 도처에 편재하면서 위성처럼 세상을 굽어볼 수 있다. 그것이 발화할 수 있는can speak 주체인 것이다.

저 빛의 방출점은 활활 타는 태양과 같은 담론을 활성화하며 부재하는 행위자의 자리를 채운다. 이론의 역사적 태양, 즉 유럽이라는 주체로 말이다. that radiating point, animating an effectively heliocentric discourse, fills the empty place of the agent with the historical sun of theory, the Subject of Europe.[13]

그래서 발화發話, speak는 발화發火, radiating다. 스피박은 모든 국지적 전투 상황의 고유한 맥락과 행위자를 불태워버리는 푸코의 "권력론"의 힘the power of the word "power"을 활활 타는 태양과 같은 빛의 발화점이라 말한다. 그것은 행위지 없이 말하고 맥락 없이 이론화한다. 그런 의미에서 서발턴은 말할 수 없다. 그녀의 발화는 발화일 수 없다. 투명하고 활활 타는 힘을 가진 주체가 아니라 상처 입은 고유한 육체를 가진, 환원할 수 없는 사정과 맥락을 가진 사람이기에 그렇다. 그래서 그녀의 목소리는 사물의 물신성과 유사한 음성의 주술성으로 흔적을 남긴다. 유적 존재의 노동과 가치로 남김없이 환원될 수 없는 사물의 물신성과 마찬가지로 투명한 주체의 발화와 이론으로 모조리 흡수될 수 없는 음성의 주술성이 어딘가에 떠도는 것이다. 이론적 계급투쟁은 이렇게 식민주의 비판과 만난다.

인간이라는 폭력

그렇다면 요즘 말썽이라는 인간은 어떤가? 지구에 우주의 기운 급 흔적을 남겼다는 저 인간의 새로운 비판 기획은 어떤가? 인간중심주의를 극복하고 물질의 행위성 혹은 존재적 지위를 새로이 평가하면서 인간과 비인간의 관계를 중심으로 비판을 재구성하겠다는 기획은? 그 향방을 가늠하기에는 능력과 혜안이 턱없이 모자람을 고백할 수밖에 없다. 다만 지구에 회복할 수 없는 해를 끼친 인간이 유적 존재로서의 인간이라면, 인간중심주의란 스피박이 말한 대로 투명하고 행위자 없이 빛을 발하는 자리를 채우는 이론과 담론의 효과라는 사실만은 지적할 수 있다. 다시 말해 인간을 특권적 행위자로 간주하고 그 자리에서 끌어내리자는 최근의 비판 기획은 자칫 잘못하면 실체 없는 허상을 상대로 구음진경 급의 무공을 뽐낸 것인지도 모른다.

그리하여 전망된 인간과 비인간의 새로운 관계 또한 마찬가지다. 인간은 결코 비인산과 동등한 의미의 행위자 혹은 행위소가 아니다. 사태는 거꾸로다. 사물과 동물을 비롯한 모든 비인간이 행위해왔는지 모르지만 인간은 결코 행위하지 않았다. 무수한 사람과 사물과 동물과 삼라만상의 행위의 효과 속에서 특권적인 텅 빈 자리를 차지하여 강렬한 빛으로 스스로를 은폐했을 따름이다. 그래서 새로운 비판 기획의 전망이 인류세로 현현한 부르주아의 자기 파괴에 대한 정치로 구성되기 위해서는 이론적 계급투쟁이 여전히 필요하다. 그것은 유적 존재로서의 인간과 교환 가치로서의 노동이 분리하고 배제하고 말소하려 한 사물의 물신성과 음성의 주술성을 탈환하는 일이다. 새로운 비판 기획이 제시하는 인간과 비인간의 네트워크가 유의미한 것은 인간이란 이데올로기를 걷어내고 육체를 가지고 발화 아닌 발화를 반복하는 사람의 흔적을 추적할 때뿐이다. 이때 사람은 자연을 대상화하는 유적 존재로서의 인간이 아니라 자신의 육체와 사물과 자연이 언제나 공속共屬하는 세계에 사는 존재라 할 수 있다.

이어지는 장들에서는 내전과 위생을 키워드로 투명한 텅 빈 자리를 차지한 인간이 어떤 정치적 폭력을 행사해왔는지를 추적할 것이다. 인간이 저 특권적 자리를 차지한 사태는 지식 지층에 흔적을 남긴 이론 혹은 담론 차원의 사건에 그치지 않는다. 그 사태가 인간의 출현과 실존 자체라고 할 때 그것은 사람을 포함한 모든 삼라만상에 대한 정치적 폭력의 행사였다. 이 폭력은 내전과 위생을 통해 행사된다. 내전은 사람들에게 "너는 누구냐"고 다그치는 심문의 영원한 반복을 통해 '적'을 색출하는 정치적 폭력이다. 그렇게 색출된 온갖 특정 형상은 '사회를 보호하기' 위한 위생 장치의 제거 대상이 된다. 내전과 위생의 이 결합은 인간이 저 특권적 자리를 차지함과 동시에 유지해온 폭력의 수행이다. 아니 이 폭력의 수행성을 제쳐두고 인간의 출현과 실존을 설명할 수는 없다.

그러나 그 설명이 범주와 논리로 조직된 이론적 규약들로 이뤄질 수는 없다. 그것은 인간이라는 폭력의 수행이 시전해온 초식이기에 그렇다. 그래서 내전과 위생의 비판은 도처에서 전개된 폭력의 흔적들을 넝마주이처럼 주워 수집하는 일로 이뤄진다. 따라서 이 책에 등장하는 여러 장면은 시계열이나 논리적 연쇄를 따라 이어진 서사를 이루지 않는다. 내전과 위생에 대한 비판이 인간을 포함하여 투명한 일반 범주를 결단코 거부한다면 그 비판은 누더기를 기워 만드는 브리콜라주 같은 작업이 될 수밖에 없으며, 어지러이 이어 붙은 조각들이 만들어낸 무늬는 사물의 물신성과 음성의 주술성을 어렴풋이 예감케 할 것이다. 내전과 위생의 비판이 궁극에서 식민주의 비판인 까닭이 여기에 있다.

의례의 시작

파농Franz Fanon을 참조하자면 식민주의는 궁극에서 '영혼soul'을 대상으로 하는 폭력이다. "흑인의 영혼이라 부르는 것은 백인 족속들이 만들어왔으며", "그 영혼 속에서 피식민자의 온갖 열등함이 지역 고유 문화의 말살과 매장 위에서 창조된다. 그리하여 피식민자들은 문명국의 언어로 자신과 마주한다."[14] 따라서 피식민자의 영혼은 하나의 장치다. 식민자는 사람과 자연과 사물을 포함한 피식민지 세계를 모조리 파괴한 뒤에 하나의 영혼을 설치한다. 피식민자는 자기 것이라 주어진 그 영혼을 통해 스스로와 세계를 보고 이해하고 판단한다. 그리하여 자신과 땅과 역사를 포함한 피식민의 표상이 날조된다. "유럽에서 흑인에게는 부끄러운 감정, 원초적 본능, 그리고 영혼의 어두운 측면을 대표하는 기능이 있다. 서양인의 집합적 무의식 속에서 흑인은 (검은색이라고 해도 좋다) 악, 죄, 저주, 죽음, 전쟁, 그리고 기근을 상징한다."[15]

이렇듯 피식민자의 영혼은 내전과 위생의 산물이다. 식민자는 너희를 너희의 영혼으로부터 지키기 위해 너희를 색출하여 말살한다고 말한다. '너는 누구냐'는 심문을 반복하면서 식민자는 피식민자로 하여금 자신들의 영혼을 들여다보고 이웃을 고발토록 강제한다. 궁극에는 피식민자가 자기 자신을 색출하여 고발하는 내전과 피식민자의 자기 혐오가 식민자의 문명을 보호하는 위생이야말로 식민주의의 폭력이다. 식민자는 행위하지 않는다. 피식민자의 영혼이 작동하는 한에서는. 그래서 파농은 피식민자의 영혼을 재생시키는 것이 아니라 작동 정지시키려 했다. 하지만 영혼이 작동 정지되었다고 하여 피식민자가 "지역 고유 문화"를 되찾을 수 있는 것은 아니다. 그것은 모두 '말살'되고 '매장' 당하여 이제 흔적을 추적할 수만 있기 때문이다. 그래서 파농은 실체화된 고유 문화를 재생하는 것이 아니라 느끼고 들으려 한다. 폐허 속에서 혹시 남아 있을지 모르는 흔적을.

"그래, 우리 검둥이는 후지고, 유치하고, 방종하다. 우리에게 육체는 너희가 영혼이라 부른 것과 대립하지 않는다. 우리는 세계 속에 산다. 사람과 땅 사이의 오래된 유대 속에! 너네 문명이 오래전 잃어버린 것, 즉 신묘함과 감각으로 넘쳐나는 풍요로움wealth of subtleness and sensitivity 속에서 말이다."[16] 다분히 낭만적으로 들리는 파농의 목소리는 사실 우울하고 절망적이다. 사람과 땅 사이의 오래된 유대, 신묘함과 감각으로 넘쳐나는 풍요로움은 말살되고 매장된 지 오래이기 때문이다. 그렇다면 파농이 말하는 육체와 영혼이 세계 속에서 합일되는 삶이란 무엇인가? 그것은 유령일 수밖에 없다. 과거에 살았던 존재, 게다가 말살되고 매장되었다는 사실만이 전해오는 존재, 단절된 후예들만이 살아 있었음을 증좌하는 존재, 그런 존재는 결코 지각의 대상이 될 수 없다. 따라서 그것은 의례의 수행을 통해서만 공동체가 재전유할 수 있는 무언가다. 앞에서 말한 사물의 물신성과 음성의 주술성이 뜻하는 바가 여기에 있다.

이 책에서 이어 붙인 조각들은 그래서 시계열이나 논리의 서사라기보다는 하나의 의례[a ritual]를 수행한다. 그 의례는 내전과 위생이라는 장치를 통한 인간의 출현을 재연한다. 이 인간이 시공간을 넘어 도처에서 출현하여 피식민자의 영혼을 끊임없이 만들어낸 장면을 말이다. 그리하여 다양한 시대와 장소에서 말살되고 매장된 사물의 물신성과 음성의 주술성을 불러내려 했지만 성공했는지는 미지수다. 아마도 어떤 예감일 수밖에 없기에 성공 여부를 가늠하는 것 자체가 적절하지 않을지 모르지만 장면의 재연이 갖춰야 할 현장감과 박진감은 의례 수행자의 몫이라 쏟아질 질책과 질타에는 미리 감사의 말씀을 드린다. 난삽하게 배열된 조각들이 지금도 진행 중인 영혼의 주조를 멈추고 사람과 땅이 연결되었던 세계를 그려볼 수 있는 계기가 되었으면 하는 바람으로 의례를 시작해본다.

1   황정아, 「'물질적 전회'와 그에 대한 불만」, 『개념과 소통』 29호, 2022, 229쪽.
2   진태원, 「인류세, 신유물론, 스피노자」, 『코기토』 100, 54쪽.
3   인용한 두 논문은 이런 주장을 설파하기보다는 비판적으로 검토한다.
4   미셸 푸코, 『말과 사물』, 이규현 옮김, 민음사, 2012, 526쪽.
5   이에 관해서는 다음을 참조한다. William H. Sewell, *Work & Revolution in France: The Language of Labor from the Old Regime to 1848*, Cambridge UP, 1980, chap.4~5.
6   물론 전형 문제를 촉발한 것이 마르크스 스스로의 약속 불이행임은 익히 알려진 사실이다. 『자본』 1권에서 노동가치설과 평균 이윤 사이의 외형적 모순을 인정한 마르크스는 몇 가지 중간 작업을 거쳐 이 문제를 해결할 것을 약속한다. 하지만 해결을 보는 일 없이 마르크스는 세상을 떠났고, 엥겔스는 2권 서문을 통해 3권에 이르러 이 약속이 이뤄질 것이라 표명한다. 3권이 출간된 후 경제학자 뵘-바뵈르크Eugen von Böhm-Bawerk가 검토한 끝에 이 약속이 지켜지지 않았음을 적렬힌 이그로 비난하면서 전형 문제는 출발하다.
7   John Lewis, "The Althusser Case: Part I Marxist Humanism", *Marxism Today*, Jan. 1972, p.23~27.
8   Michel Foucault, *The Birth of Clinic*, A. M. Sheridan trans., Routledge, 2003, p.244.
9   칼 맑스, 「1844년의 경제학 철학 초고」, 『칼 맑스 프리드리히 엥겔스 저작 선집』 1, 박종철출판사, 1991, 77쪽.
10 앞의 책, 79쪽.

11 Gayatory Spivak, "Can the Subaltern Speak?", *Can the subaltern speak?: reflections on the history of an idea*, Rosalind C. Morris ed., Columbia UP, 2010, p.243.
12 앞의 책, 265쪽.
13 앞의 책, 241쪽.
14 Franz Fanon, *Black Skin, White Masks*, Charles Lam Markmann trans., Pluto Press, 2008, p.6, p.9.
15 앞의 책, 147쪽.
16 앞의 책, 96쪽.

혐오, 음모, 그리고 내전:
집단학살의 패러다임과 정치적인 것의 상황

우물과 독

1347년 콘스탄티노플에서 제노바로 향한 범선 12척에는 서아시아에서 온 쥐들이 숨어 있었다. 굶주린 배를 채우려 제노바에 내린 쥐들은 이후 유럽 전역에서 7,500만 명(혹은 2억 명이라고도 알려진)의 목숨을 앗아갈 페스트의 최초 숙주였다. 패닉에 빠진 당대 유럽인들이 전염병에 대처하기 위해 제일 먼저 한 일은 물론 원인 찾기였다. 원인은 손쉽게 규명되었다. 유대인이 병을 옮겼다는 것이다. 쥐들이 하선한 1347년 9월 이래 1348년 상반기까지 스페인 카탈루냐에서 프랑스 프로방스 지역에 이르기까지 페스트 희생자의 장례식장은 유대인 화형장을 겸했다. 페스트가 걷잡을 수 없이 유럽 전역으로 퍼져나가는 데 비례하여 유대인들이 병을 퍼트린다는 소문은 증폭되었다. "음모론은 상상을 자양분 삼아 무럭무럭 커갔고," 유럽인들은 페스트의 공포

를 유대인 학살로 극복하려 했던 것이다.[1]

왜 하필 유대인이었을까? 긴즈부르그Carlo Ginzburg는 그 원인을 1321년의 나병 환자와 관련된 음모론과 대학살에서 찾는다. 1321년 6월 21일, 프랑스 필리프 5세가 푸아티에 칙령을 발표한다. "나병 환자들이 프랑스를 포함한 기독교 세계의 왕국들에서 모든 물과 분수, 우물에 독약을 넣어 건강한 사람들을 죽이려고 했다는 이유"에서다.[2] 칙령에 따라 필리프 5세는 이들을 투옥하고 죄를 자백한 모든 자를 화형에 처했다. 이후 프랑스 남서부 지방을 중심으로 나병 환자들이 우물에 독을 풀어 기독교인들을 전멸하려 한다는 소문이 급속도로 확산된다. 그 과정에서 나병 환자들이 유대인과 결탁하여 기독교 왕국을 끝장내고 자신들의 왕국을 건설하려 한다는 음모론이 주조된다. 그리하여 나병 환자와 유대인들에 대한 대학살이 자행되었다. 이른바 '커먼즈commons'[3]의 대표 격인 우물에 독을 푸는 나병 환자와 유대인, 그렇게 음모는 수많은 무고한 목숨을 장작더미 위에서 희생시키기에 이르고, 이런 "아래로부터 촉발된 불안과 정치 권력의 개입"은 페스트 급습 이후에도 반복된 것이다.

이렇듯 기성의conventional 공동체를 급습한 위험이 인위적인 것이든 자연적인 것이든 곁에서 함께 삶을 영위해왔지만 어디까지나 이질적 집단(유럽에서의 유대인)의 공격에서 비롯되었다는 음모론은 그리 낯설지만은 않은 서사다. 그리고 그 공격이 언제나 우물 혹은 강에 독을 푼다는 풍문에서 출발한다는 것도 말이다. 14세기 유럽에서 시공간을 훌쩍 건너뛰어 20세기 초 일본열도로 눈을 돌려도 유사한 사례를 마주할 수 있다. 1923년 9월 1일, 일본 간토關東 지방 남부에 마그니튜드 7.9 규모의 대지진이 발생한다. '관동대지진'으로 알려진 대재앙이다. 이 지진으로 도쿄나 요코하마는 물론 수도권 대부분 지역이 전멸에 가까운 타격을 입었다. 도쿄는 3일간 불타 전체 2/3가 소실되었다. 사망자 99,331명, 부상자 103,733명, 행방불명자 43,746명, 총 이재민 3,400,000명 등으로 그 피해는 이루 말할 수가 없었다.[4]

그런데 여진이 이어지는 폐허에서 사람들은 또 다른 공포에 사로잡혔다. 바로 조선인이 우물에 독을 던져 넣고 일본인들을 닥치는 대로 살해하면서 도쿄로 진격해온다는 풍문 때문이었다. 계엄령이 선포된 수도권에서 일본인들은 곧바로 자경단自警團을 조직하여 조선인의 습격에 대비했고, 길 가는 사람들을 불시에 심문하여 조선인인지 아닌지를 식별했다. 이 과정에서 수많은 조선인이 학살 당했고, 말이 어눌하거나 외모가 조선인과 닮았다는 이유로 불특정 다수의 행인이 영문도 모른 채 감금되거나 폭행 당하거나 살해 당했다.[5] 물론 이후에 유언비어로 밝혀진 이 잔인한 대학살도 역시 "아래로부터 촉발된 불안과 정치 권력의 개입"의 산물이었다. 자경단은 계엄 아래 군경과 조직적으로 연계하여 조선인을 식별하고 학살했기 때문이다. 공동체가 위기에 처했을 때 곁에 함께 살지만 이질적 집단이 우물에 독을 푼다는 서사는 시공간을 뛰어넘어 반복된 것이다.

14세기 유럽과 20세기 일본뿐 아니라 도처에 이런 사례가 널렸음은 상상하기 어렵지 않다. 동서고금을 막론하고 우물은 공동체의 대표적 상징 중 하나였으며, '우리'를 상상하고 한정하는 장소이자 자원이었기에 그렇다. 하지만 우물이 '우리'와 중첩되는 것은 평상시가 아니다. 14세기 유럽에서도 20세기 초 일본에서도 우물은 지역 커뮤니

티의 커먼즈였지 혈연 혹은 관습을 공유하는 특정 집단의 전유물이 아니었기 때문이다. 물론 유대인이나 조선인을 이질적 존재로 간주하긴 했지만 우물은 인종적이거나 종족적인 의미에서 배타적으로 상상된 '우리'를 상징하지는 않았던 것이다. 그렇기에 우물이 '우리'와 배타적이고 폐쇄적으로 중첩되는 것은 어디까지나 '예외 상황'이다. 그때 비로소 우물은 '우리'를 한정하고 확인하게 한다. 그것도 독을 푸는 '적enemy'을 지시하고 식별하고 학살하면서 말이다.

그런 의미에서 '우물과 독'에서 비롯되는 집단학살은 하나의 범례라 할 수 있다. 여기서 공동체는 바깥에서 쳐들어오는 외적外敵이 아니라 예외 상황에서 식별과 색출을 통해 지시된 적에 의해 확증된다. 범례paradigm가 특정 시공간에서 생겨난 하나의 구체적 사례example임과 동시에 그것을 역사나 담론 곁에para 놓았을 때 보이지 않았던 계보를 추출할 수 있게 해주는 방법적 개념이라면,[6] 범례로서의 집단학살은 '정치적인 것the political'을 전쟁, 혁명, 소요 등 '예외상태'와 연루하여 사념思念해온 담론을 예상치 못했던 방향으로 전치transfer한다. 후술하듯 그것은 현재 세계 도처를 지배하는 가짜 뉴스와 혐오와 음모론이 정치적인 것과 어떤 계보적 연결망을 이루는지를 드러낼 것이다. 우선 슈미트Carl Schmitt의 '적과 동지'라는 정치적인 것의 표지標識를 이 패러다임에 입각하여 재독해하는 것으로 시작해보자.

정치적인 것의 개념과 음모론

"국가 개념은 정치적인 것의 개념을 전제한다."[7] 슈미트의 『정치적인 것의 개념』은 이렇게 시작을 알린다. 이 하나의 간명한 명제를 통해 슈미트는 정치를 국가의 일(행정, 사법)로 환원하여 기술화 혹은 법률화하는 이해 방식을 비판함과 동시에 부르주아 사회의 다원성과 공공성(의회)으로 정치를 해소하여 주권적 결정을 무화하는 시대 경향에 맞섰다. 슈미트의 관심사는 정치 개념을 획득하기 위해 정치의 특정한 범주 spezifisch politischen Kategorien를, 즉 특별한 표지 Kriterien를 발견하고 확정하는 일이었다.(B.P. 26쪽) 그리하여 익히 알려진 바와 같이 미, 도덕, 경제, 종교 등 여타의 사회 영역과 구분되는 정치의 고유한 표지가 "적과 동지의 구분"이라 정식화된다. 이때 정치 고유의 표지인 적은 경제 영역에서의 경쟁자 혹은 도덕 영역에서의 사악한 자 같은 표지와 아무런 상관이 없다. 정치를 구성하는 적과 동지의 구분은 어디까지나 "물리적 살육의 현실적 가능성 die reale Möglichkeit der physischen Tötung" 위에서 이뤄지기 때문이다. 그렇기에 "적이란 개념이 의미를 가지는 한 전쟁이 현실적 가능성으로 존속해야만 한다."(B.P. 33쪽)

이렇게 슈미트는 평시가 아니라 전시에서, 상례가 아니라 예외에서 정치적인 것의 표지를 도출한다. "전쟁은 결코 정치의 목표나 목적은 아니며 내용도 아니지만 전쟁은 현실적 가능성으로서 항상 존재하는 전제이며, 이 전제가 인간의 행동과 사고를 독특한 방식으로 규정하고 이를 통해 정치 특유의 태도를 낳는 것이다."(B.P. 34~35쪽) 이는 바이마르공화국의 혼란에 대처하는 하나의 정치적 태도였으며(반부르주아자유주의), 주권의 결정을 법률 질서의 근원으로 정위한 공법학적 대처였다. 서로의 차이를 다원적으로 인정하는 부르주아자유주의나 법의 근원(정통성)에 눈감은 채 실정법에 매몰된 당대의 법실증주의를 일소하는 것이 그의 사상적 과제였기 때문이다.

하지만 이렇게 스스로의 입론을 조직한 슈미트의 행보는 불편할 수밖에 없었다. 이 불편함을 가장 먼저 눈치챈 이는 스트라우스Leo Strauss였다. 그는 슈미트의 입론이 부호를 거꾸로 한 자유주의라고 비판했다. 부르주아자유주의가 개인이든 집단이든 저마다의 가치나 이상을 존중하고 다원적 공존을 꾀하는 것과 마찬가지로 슈미트의 적과 동지는 저마다 어떤 가치나 이상을 좇는지와 상관없이 그저 적대하는 두 집단으로서만 의미를 갖는다는 것이다.[8] 즉 자유주의가 '묻지 마 공존'이라면, 슈미트의 정치는 '묻지 마 적대'라는 비판이었던 셈이다. 물론 슈미트는 『정치적인 것의 개념』 도처에서 이런 불편에 아랑곳하지 않고 논지를 밀어붙인다. 매우 강박적으로 적과 동지의 구분이 선/악, 우/열, 미/추, 빈/부 등의 가치 혹은 내용과 아무런 상관이 없다는 주장을 반복하는 것이다. "도덕적으로 악이고, 심미적으로 추하고, 경제적으로 해롭다고 하여 적일 필요는 없다."(B.P. 28쪽)든가 "어떤 인간적 동기가 적과 동지의 구분을 불러일으키는지는 중요한 것이 아니"(B.P. 36쪽)라든가 "[적과 동지 구분의] 동기는 종교적, 민족적, 경제적일 수 있으나 (…) 아무튼 중대 사태를 목적에 둔 결속만이 정치적"(B.P. 39쪽)이라든가 하는 식으로 말이다.

왜 슈미트는 이런 불편을 감수했을까? 적과 동지가 어떤 동기, 이유, 맥락, 상황 속에서 구분되는지의 물음을 왜 그토록 강박적으로 억제했을까? 그것은 이 저작이 커다란 음모론의 구도 속에서 기획된 것이기 때문이다. 앞에서 살펴봤듯 슈미트는 이 저작의 전반부에서 매우 금욕적이고 강박적인 태도로 정치적인 것의 순수한 표지를 정식화한다. 마치 순수한 이론적 동기에서 국가와 주권과 정치와 법률 사이에 얽히고설킨 개념적 난점을 돌파하겠다는 듯 말이다. 하지만 후반부에 접어들어 슈미트의 논점은 하나로 수렴된다. 바로 인류를 전면에 내세운 보편주의 비판이다. 그는 푸르동Pierre-Joseph Proudhon의 말을 수정하여 다음과 같이 말한다. "인류를 입에 담는 자는 사기꾼이다.Wer Menschheit sagt, will betrügen."(B.P. 55쪽) 이는 인류 평화 혹은 인도주의humanism란 미명 아래 독일을 단죄하려는 제1차 세계대전 이후의 국제 정세에 대한 비판이며, 주권국가의 교전권을 제한하여 주권 위에 군림하려는 국제연맹에 대한 공격이었다. 이런 맥락에서 슈미트는 당대의 국제 정세 혹은 지배적 사유를 다음과 같이 야유한다.

> 전투의 가능성이 남김없이 제거되어 소멸한 세계, 최종적으로 평화로운 지구Erdball라는 것은 적과 동지의 구분이 없는 세계, 따라서 정치가 없는 세계일 것이다. 그 세계에도 아마 매우 흥미로운 여러 대립이나 대비, 여러 종류의 경쟁이나 책략이 존재하리라. 하지만 중요한 것은 그것을 근거로 인간들이 생명을 바치도록 요구 받고 피를 흘리고 다른 사람들을 죽이라고 강제되는 대립은 존재할 수 없다. 이 경우에도 이런 징치 없는 세계를 이상 상태로 삼으려 희망하는지 아닌지는 정치적인 것의 개념 규정에서 중요치 않다. 정치적인 것이란 현상은 그저 적과 동지가 결합하는 현실적 가능성과 관련해서만 이해될 수 있으며, 여기서 정치적인 것에 대한 어떤 종교적, 도덕적, 미적, 경제적 평가가 나오는지는 전혀 상관없는 일이다.(B.P. 35~36쪽)

말할 필요도 없이 여기서 등장하는 이상은 제1차 세계대전 이후의 국제 정치를 강력하게 규정한 이상주의idealism 혹은 보편주의universalism다. 칸트Immanuel Kant의 영구 평화를 이념적 기초로 삼은 이상주의/보편주의는 주권을 제한하고 전쟁을 범죄화하여 '정의의 전쟁just war'이나 '나쁜 국가rogue state'라는 개념을 통해 인류 평화를 달성하려고 했다. 그런 의미에서 이상주의/보편주의는 슈미트가 볼 때 정치의 소멸을 꿈꿨다고 말할 수 있다. 이상 세계에서의 대립은 어디까지나 가치적인 것으로, 정치적인 것의 표지가 되는 물리적 살육의 순수한 현실적 가능성에서 도출되는 것이 아니기 때문이다. 그러나 슈미트는 앞의 인용문 후반부에서 보듯 이런 이상주의/보편주의를 비꼰다. 아무리 인류 평화의 기치를 내걸고 전쟁 없는 세계를 꿈꾸더라도 정치적인 것과는 하등 관계가 없다는 것이다. 즉 그 이상이 전쟁을 없애고 평화를 꿈꾸더라도 정치적인 것을 지상에서 소멸할 수는 없다. 정의를 내세우든 악으로 지목하든 '아직' 지구상에서 전쟁의 가능성은 사라지지 않았기 때문이다. 그리하여 슈미트는 이상 혹은 몽상은 자유지만 물리적 살육의 현실적 가능성에는 아무런 상처도 남기지 못한다는 냉소를 날린 셈이다.

이것은 단순히 이상이 현실이 되기에 어렵고 불가능하다는 지적이 아니다. 슈미트의 시선은 하나의 음모를 향해 있기 때문이다. 그것은 전쟁을 없애겠다는 이상을 전면에 내세워 인류를 입에 담으면서 실상은 더할 나위 없이 강력한 정치를 실천한다는 음모였다.

인류는 전쟁할 수 없다. 인류에게는 적어도 지구라는 혹성 위에 적이 없기 때문이다. 인류 개념은 적 개념과 어울리지 않는다. 적도 인간임을 그만두는 것이 아니기에 이 점에서 특별한 구분은 없기 때문이다. 전쟁이 인류의 이름으로 전개된다는 것은 이 단순한 진리와 모순되는 것이 아니라 그저 특별히 강력한 정치적인 의미를 besonders intensiven politischen Sinn 가질 뿐이다. 한 국가가 인류의 이름 아래 스스로의 정치적 적과 싸우는 인류의 전쟁이 아니라 특정한 한 국가가 그 전쟁 상대에 대해 보편적 개념을 휘둘러 평화, 정의, 진보, 문명 등을 스스로의 손아귀에 집어넣어 적에게서 그 개념을 박탈하여 이용하는 일일 뿐이다.(B.P. 55쪽)

이렇듯 슈미트는 인류 평화의 이상을 내거는 이상주의/보편주의가 인류를 참칭하는 정치 행위일 뿐이라고 지적한다. 그것은 '전쟁=정치적인 것의 전제'를 일소한다기보다(비록 이상일지라도) '특별히 강력한 정치'를 하기 위한 허울일 수밖에 없다는 것이다. 이렇게 슈미트는 당대의 이상주의/보편주의의 음모를 읽어낸다. 이 문제적 저작을 끝맺으면서 그는 이렇게 음모를 폭로한다.

결국 그저 윤리/경제의 양극을 맴돌 뿐인 이런 정의나 논리 구성은 국가와 정치를 없앨 수 없고 세계를 비정치화할 수도 없다. (…) 자유주의 이데올로기의 본질에서 보자면 비호전적인 것은 그저 그 용어일 뿐이다. (…) 이런 수단(자본과 기술)을 이용함으로써 본질적으로 평화주의적인 용어가 만들어지며 거기에 전쟁이란 말은 없고 그저 집행, 비준, 처벌, 평화화, 계약 보호, 국제 경찰, 평화 확보 조치

등만 남는다. 대항자는 이제 적이라 불리지 않고, 대신 평화 파괴자, 평화 교란자로서 법 바깥에 내몰려 비인간화된다. 전쟁은 선전의 힘으로 '십자군' 혹은 '인류 최종 전쟁'으로 분식된다. (…) [그러나] 이 비정치적이고 반정치적으로 보이는 체계는 기존의 적과 동지 결속에 봉사하든가 아니면 새로운 결속으로 귀결될 뿐 정치적인 것의 귀결로부터 벗어나는 것은 불가능하다.(B.P. 77~78쪽)

슈미트는 1928년 「국제연맹과 유럽」이라는 글을 통해 국제연맹이 유럽 문제 해결에 아무런 역할을 하지 못함을 지적한 바 있다. 이런 관점에서 그는 국제연맹의 존립 이유를 미국의 유럽 문제 개입을 위한 것이라 주장했다. 여기서 슈미트는 국제연맹으로 상징되는 이상주의/보편주의를 음모론의 시각에서 포착한다. 음모론이 보이는 표면 뒤에 실제 사태를 결정하는 보이지 않는 집행자가 있음을 주장하는 것이라면, 국제연맹과 이상주의/보편주의를 무대 뒤에서 조종하는 것은 미국이라는 새로운 제국주의 국가라는 것이 슈미트 음모론의 요지였다.[9]

주지하다시피 미국은 제1차 세계대전 이후 먼로주의의 계승과 윌슨 독트린을 통해 유럽에 개입하지 않음을 천명했다. 하지만 슈미트가 보기에 미국은 "부재하면서 임재하는 방식으로" 그림자처럼 국제연맹을 조종했다. 그리고 국제연맹과 이상주의/보편주의는 인류와 평화의 이름으로 적(독일)을 비인간화하고 법 바깥으로 내몰았다. 슈미트가 정치적인 것의 표지를 강박적일 정도로 순수화하여 정식화한 것은 이 음모를 밝혀내기 위해서였다. 전쟁을 반대하고 철저하게 비정치적이라 주장하는 이념과 이상도 결국에는 다른 방식으로 수행되는 정치임을 밝히기 위해 정치적인 것의 표지는 이론적으로 정초되어야 했던 것이다. 가치와 내용에 상관없이, 다시 말해 가치와 내용이 무엇이든 적과 동지의 구분과 결속으로, 다시 말해 물리적 살육의 현실적 가능성으로 인간 집단 사이의 대립이 격화되는 한 정치적인 것은 소멸되지 않는다. 인류와 평화조차도 정치적인 것의 발원지가 된다는 논리를 조직하기 위해 슈미트는 그 구분과 결속의 원인을 묻지도 따지지도 않는 강박적 이론화를 시도한 셈이다.

이렇듯 당대 정세를 음모론으로 읽어낸 슈미트는 뜻하지 않게 새로운 역사철학적 개념과 마주하게 된다. 바로 '전 지구적 내전 Weltbürgerkrieg, global civil war'이다. 이것은 이상주의/보편주의의 귀결로, 미국과 소련이라는 (반대 방향의) 이상주의/보편주의를 내건 두 (신)제국주의 국가가 지구를 두 진영으로 분할하여 한쪽이 전멸할 때까지 대립하는 양상을 지시하는 개념이다. 대작 『대지의 노모스』(1950)에서 전개된 웅대한 역사철학적 탐구는 소품 『파르티잔 이론』(1963)에 이르러 '정치적인 것'의 당대 상황 진단으로 이어진다. 여기서 슈미트는 '절대적 적'이란 개념을 통해 '전 지구적 내전'의 파괴적 귀결을 비판한다. 이때 주안점은 적이 절대적 적이 됨으로써 이상주의/보편주의의 정치적 귀결이 전면화되었음을 지적하는 일이었다.[10] 즉 『정치적인 것의 개념』에서 전개한 음모론이 20세기 후반 들어 전 지구적 차원에서 전면화되었음을 "정치적인 것의 개념에 대한 중간 점검 Zwischenbemerkung zum Begriff des Politischen"(『파르티잔 이론』의 부제)으로 제시한 것이다.

그러나 이런 사유의 전개는 정치적인 것의 표지, 즉 적과 동지의 결속과 구분을 물리적 살육의 현실적 가능성이란 전제, 그러니까 전쟁에서 찾던 스스로의 이론을 당혹스럽게 만드는 결과를 초래한다. 금욕적이고 강박적일 만큼 적과 동지의 결속과 구분을 형식화한 슈미트에게 적은 항시 눈앞에 현현하는 구체적 인간 집단이었다. 대외 전쟁을 정치적인 것의 범례로 삼았기에 적은 언제나 동지와 (형식상에서) 동등하고 동류의 집단일 수밖에 없었던 것이다. 하지만 그 기저에 깔린 음모론은 적과 동지의 구분이 결코 그렇게 형식적일 수 없음을 역설적으로 예고한다. 왜냐하면 대외 전쟁이 아니라 내전에서의 적은 결코 동지와 마주하는 동류의 인간 집단일 수 없고, 늘 동지의 모습으로 곁에 있는 것이 전제되기에 반드시 심문을 통해 식별되고 적발되어야 할 존재이기 때문이다. 이때 적과 동지는 슈미트의 원래 의도처럼 등가의 대립항이 될 수 없다. 적과 동지는 본질적으로 상이한 존재 양상을 지닌 집단으로 탈바꿈한다. 슈미트가 폭로하려 했던 당대의 거대한 음모는 이렇게 금욕적이었던 자기 이론의 당혹으로 귀결된다. 그리고 그것은 집단학살이 현대 정치의 패러다임으로 드러나는 계기를 마련해준다. 이제 내전으로 전치된 정치적인 것의 개념이 어떤 양상으로 변모하는지에 눈을 돌릴 차례다.

내전: 정치적인 것의 억압된 소실점

데리다Jacques Derrida는 유럽의 정치적 상상력 근저에 기저음으로 작용해온 '우애friendship, amitié'의 사상적 계보를 추적하는 가운데 그 대척점에서 '적의enmity, hostilité'를 중심으로 정치를 사념했던 슈미트의 작업을 탈구축deconstruction한다.[11] 데리다는 슈미트가 정치적인 것의 절대적 전제로 제시했던 물리적 살육의 현실적 가능성이란 개념을 중심으로 탈구축을 전개한다. 이 안에서 슈미트의 논리가 항시 모종의 도약을 통해 이질적이고 균열적인 적대의 조건/양상들을 이론적 수준에서 통합한다고 말이다. 그것이 바로 현실적 가능성이라는 절대적 전제다. 이 절대적 전제는 적을 지시하고 식별하고 말살하는 일, 그리고 동지를 규합하고 단결하고 함께 싸우는 일에 내재할 수밖에 없는 다양한 분기와 변수를 일거에 일반론적으로 마름질한다. 그렇게 하여 슈미트는 원천적으로 이론화할 수 없는 이론적 대상을 이론화하는 묘기를 선보인다는 것이다. 그렇다면 '정치적인 것'은 왜 이론화할 수 없는 것일까?

> 슈미트는 노력한다. 우리가 여기서 절망적 노력이라 간주하는 것을 위해 말이다. 정치적인 것의 불순성을, '정치적' 개념 혹은 의미 고유의 순수한 불순성proper and pure impurity을 여타의 모든 순수성(객관적, 과학적, 도덕적, 법률적, 심리적, 경제적, 미학적 등)으로부터 분리하려 하는 것이다. (…) 우애란 혹은 적의란 무엇인가를 아는 것이 아니라 '누가' 동지이며 '누가' 적인지를 아는 일에 대한 회의는 소멸되어야 한다. 정치적인 것이 한 줌이라도 존재하기 위해서는 누가 누구인지를, 누가 동지이며 누가 적인지를 알아야 한다. 게다가 이론적 양태가 아니라 실천적 식별paractical identification의 양태로 알아야만 한다.[12]

여기서 데리다는 슈미트의 강박적이고 금욕적인 이론화의 욕구,

즉 정치적인 것의 표지를 추출하고 범주를 확정하고 개념을 확립하려는 욕구를 절망적이라고 표현한다. 그도 그럴 것이 정치적인 것의 온갖 표지, 범주, 개념은 '고유하게 불순'하기 때문이다. 객관, 과학, 도덕, 법률, 심리, 경제, 미학 등의 영역이 순수하게 추상적 범주와 개념으로 이론을 조직할 수 있는 반면, 정치는 그런 식의 순수성과 정반대의 근원적 불순성으로 가득 차 있다. 정치의 근원적 표지가 대립이라면, 철저한 예외 상황이라면, 또한 그것이 주권의 결정에 내맡겨졌다면 정치란 애초에 일반적 표지나 범주나 개념을 가질 수 없는 '불순한' 상황에서 이뤄지는 것일 수밖에 없기에 그렇다. 그래서 일반화 가능한 추상적 개념이 아니라 특정의 일회적 상황에서 누가 적인지 동지인지를 경정해야 하는 식별의 수행이야말로 정치의 본질인 것이다. (그래서 정치는 웃음과 일맥상통한다.)

이런 원천적 불가능성 혹은 불순성을 일거에 뛰어넘게 해주는 것이 바로 물리적 살육의 현실적 가능성이라는 전제라고 데리다는 지적한다. 즉 일반화가 불가능한 예외들의 산종(정치의 근원)을 일거에 일반화 가능한 것처럼 제시하는 것이 이 절대적 전제라는 것이다. 하지만 데리다의 이 절대적 전제에 대한 현란한 탈구축 자체는 여기서의 관심이 아니다. 데리다가 지적한 대로 정치 고유의 불순함을 뛰어넘어 표지와 범주와 개념을 이론화하는 과정에 건널 수 없는 심연이 있다는 사실이 중요하다. 슈미트의 다음과 같은 언명은 이 사실을 여실히 보여준다.

여기서 문제는 의제擬制, Fiktionen나 규범성Normativitäten이 아니라 이 구분(적과 동지: 인용자)이 존재한다는 현실성과 현실적 가능성이다. 그 기대나 교육적 노력에 공명하든 안 하든 모든 국민은 적과 동지의 대립에 따라 결속하는 것이며, 이 대립은 오늘날 여전히 현실에 존재하며 또한 정치적으로 존재하는 모든 국민에게 현실적 가능성으로 주어졌다는 사실을 합리적으로vernünftigerweise 부정하기는 어렵다.(B.P. 28~29쪽)

앞에서 살펴봤듯 적과 동지의 구분은 슈미트가 금욕적이고 강박적으로 추출한 순수 형식적 표지였다. 그것은 일반화가 가능한 정치적인 것의 개념을 지탱하는 것이다. 하지만 슈미트는 여기서 그 구분이 현실성과 현실적 가능성이라고 말한다. 즉 그것은 이론과 추상과 일반의 영역을 뛰어넘어 근거를 현실 혹은 가능성(우연)에 두는 셈이다. 이를 부정하는 것은 '합리적'이지 않다. 이 지점에서 슈미트는 이미 이 이론의 불순함을 드러내고 있다. 적과 동지의 구분이 의제나 규범성(추상 혹은 일반성)이 아니라, 즉 이론적 표지가 아니라 누구도 논증하거나 정의할 수 없는 '그것이 현실'이라는 비논리 속에서 정초되기 때문이다.

그렇기에 적과 동지의 결속 혹은 구분이란 이론과 현실 사이의 식별이 불가능한 지대에서 정식화된 표지다. 적과 동지의 구분을 하나의 표지로 추출한 슈미트의 진술이 몇 가지 범주로 조직된 논리의 외양을 띠더라도 말이다. 그 위태로운 범주와 논리를 걷어내면 적이란 몇 가지 범주적 속성으로 구성되는 일반 개념이 아니라 그때그때의 일회적 상황에 따라 지시되는 식별의 산물임을 알 수 있다. 그렇기에 적은 '정의definition'가 아니라 '식별identification'되어야 하며, 그것은 결코 선험적으로 결정된 무언가가 아니라 식별과 결정의 순간 이전에는 철저하게 비가시적인 '현실적 가능성'인 것이다.

그런 의미에서 적과 동지는 형식적 대칭의 두 항이 아니다. 남/녀라는 젠더 구분이 생물학적 재생산을 가능하게 하는 기능적 대칭성을 초과한 수행적 관계의 함수값이듯 적과 동지는 식별과 결정이라는 분할을 통해 가능성의 영역을 벗어나는 비대칭적 대립 관계의 표지인 것이다. 그렇기에 정치적인 것의 개념은 대외 전쟁을 하나의 소실점으로 삼아 성립할 수 없다. 대외 전쟁은 주권과 국가가 존재하여 국민의 모든 운명을 걸고 눈앞에 마주한 적과 대립하는 프레임이다. 두 주권국가가 물리적 살육이란 전제 아래 마주할 때 적과 동지의 대립을 상호 동등한 대칭성 위에서 정식화하는 프레임은 가능할 수 있다. 하지만 이 절대적 전제를 괄호 치고 사태를 들여다볼 때 대외 전쟁은 결코 정치적인 것의 소실점이 될 수 없다. 적은 "대립하는 인간 집단의 총체"(B.P. 29쪽)라기보다는 철저하게 비가시적이고 '순수한 가능성'으로 편재하는 존재이기 때문이다.

이렇듯 내전은 정치적인 것의 개념의 숨은 소실점으로 자리한다. 물론 슈미트도 이를 인지한 듯 보인다. 그가 정치적인 것을 가능하게 하는 소실점의 자리에 전쟁과 내전을 병치하면서도 의식적으로 내전을 부차적인 것으로 묶어두기 때문이다. "전쟁이란 조직화된 정치 단위 사이의 무장 투쟁이며, 내전이란 조직화된 단위 내부의 무장 투쟁"(B.P. 33쪽)처럼 대칭적으로 전쟁과 내전을 배치하면서도 내부에서의 대립을 "기생적 혹은 희화적 존재로까지 왜곡된 '정치'의 여러 형태"이자 "모든 종류의 거래, 술책, 경합, 음모 등의 모습으로 기묘한 협상과 책략"(B.P. 30쪽)이라고 폄훼하기에 그렇다. 하지만 푸코가 홉스Thomas Hobbes의 『리바이어던』을 주해하면서 지적했듯 홉스의 전쟁은 기본적으로 실제 전투라기보다는 "표상들, 현시들, 기호들, 그리고 과장적, 계략적, 허위적 표현"[13]으로 이뤄진다. 푸코의 주해를 믿는다면 근대 정치의 원풍경은 피비린내 나는 전투나 촘촘한 조항으로 이뤄진 계약이라기보다는 상호 불신으로 가득 찬 인간 군상의 의심, 속임수, 음모, 계략, 술책들로 가득 차 있다. 푸코의 홉스 해석은 슈미트의 '정치적인 것'이 내전을 숨은 소실점으로 삼는다는 분석과 정확히 일치한다. 홉스의 자연상태에서 내 것을 빼앗으려 도래하는 적은 결코 눈앞에 임박한 가시적 적이 아니다. 그것은 언제나 비가시적 상태로 사람을 불안에 빠트리고 공포에 떨게 하면서도 어떻게든 지시하고 식별하여 절멸해야 하는 절대적 가능성으로 존립하는 것이다.

그렇기에 정치적인 것과 국가의 성립은 신의 권능과 유비될 수 있는 주권자의 결정에서 비롯되는 것이 아니다. 정치적인 것과 국가는 도처에서 꿈틀대는 의심과 속임수와 음모의 소용돌이를 자양분 삼아 수행적으로 존립한다. 슈미트가 20세기 후반에 국가 아닌 파르티잔을 정치적인 것의 수행적 주체로 삼은 까닭이 여기에 있다. 파르티잔은 내전의 영웅이기 때문이다. 하지만 슈미트는 자신의 땅을 지키는 영웅적 파르티잔(마오쩌둥, 호찌민, 게바라)의 형상에 주목한 나머지 파르티잔에게서 비롯된 정치적 귀결에는 눈을 돌리지 못했다. 신출귀몰하는 파르티잔의 영웅적 행위는 주로 야간에 이뤄지지만 파르티잔이 산으로 돌아가고 낮이 밝으면 소탕 작전이 시작된다. 야밤의 영웅적 행위에 뒤따르는 것은 보이지 않는 적을 색출하기 위한 심문과 신고와 의심과 협잡의 향연인 것이다.

이렇듯 우물에 독을 푸는 유대인 혹은 조선인이라는 풍문과 음모론은 내전을 정치적인 것의 숨겨진 소실점으로 드러낸다. 집단학살이란 이러한 계보를 한데 묶을 수 있게 해주는 범례라 할 수 있다. 그리고 21세기 들어 강도를 더해가는 혐오 현상은 집단학살과 내전이라는 패러다임 속에서 온전한 이해의 대상이 된다. 혐오 현상은 근대의 인권 혹은 인간 개념에 대한 심각한 침해이자 정치적/도덕적 타락임이 틀림없다. 그리고 그것에 기대어 교묘하게 정권을 유지하는 정치인들이 있다. 그러나 근대의 정치적 규약들을 정상으로 전제하여 이 모든 사태를 병리적 현상으로 간주하는 한 결코 혐오 현상은 이해될 수 없다. 오히려 현재의 혐오 혹은 음모론의 발호는 정치적인 것의 표지와 범주와 개념이 스스로의 속살을 적나라하게 드러낸 사태로 파악되어야 한다. 그랬을 때 관동대지진의 조선인 학살, 나치의 유대인 학살, 제주 4·3을 비롯한 한반도의 제노사이드, 아프리카-아시아의 탈식민 과정에서 벌어진 동족학살, 그리고 동유럽의 인종 청소를 현재 벌어지는 사태와 연루하여 이해할 수 있는 방법적 시야를 확보할 수 있다. 21세기의 혐오와 음모 정치를 수많은 집단학살의 범례를 통해 하나의 계보로 이해할 때 현재 벌어지는 정치적 현상을 예외가 아니라 상례로 이해할 수 있는 길이 열릴 것이다.

1 카를로 긴즈부르그, 『밤의 역사: 악마의 잔치, 혹은 죽은 자들의 세계로의 여행에 관하여』, 김정하 옮김, 문학과지성사, 2020, 118~122쪽.
2 앞의 책, 68~69쪽.
3 커먼즈 관련 논의가 새로운 상상력이지만 오래된 삶의 형식에서 비롯된다는 점에 관해서는 다음을 참조한다. 실비아 페데리치·조지 카펜치스, 「자본주의에 맞선 그리고 넘어선 커먼즈」, 『문화과학』 101호, 권범철 옮김, 2020. 3.
4 東京市役所編, 『東京震災録』, 1926.
5 관동대지진 조선인 학살에 관해서는 다음을 참조한다. 강덕상, 『학살의 기억, 관동대지진』, 김동수·박수철 옮김, 역사비평사, 2005.
6 이에 관해서는 다음을 참조한다. Giorgio Agamben, "What is paradigm", http://www.maxvanmanen.com/files/2014/03/Agamben-What-is-a-paradigm1.pdf
7 Carl Schmitt, *Der Begriff des Politischen*, Duncker & Humblot, 1963, p.22. 1963년에 출간된 이 제4판은 1932년 제2판에 새로운 서문을 붙인 것이다. 본문에서 이 책의 인용은 (B.P. 쪽수)로 표기한다.
8 Leo Strauss, "Notes on the concept of the political"(1932), *Carl Schmitt & Leo Strauss: The Hidden Dialogue*, in Heinrich Meier, University of Chicago Press, 1995.
9 이에 관해서는 다음을 참조한다. 칼 슈미트, 「국제연맹과 유럽」(1928), 『입장과 개념들』, 김효전·박배근 옮김, 세종출판사, 2001.
10 이에 관해서는 다음을 참조한다. Carl Schmitt, *Theorie des Partisanen*, Duncker & Humblot,

1963, final chapter.
11 Jacques Derrida, *Politics of friendship*, George Collins trans., Verso, 1997, pp.112~137.
12 앞의 책, 116쪽.
13 미셸 푸코, 『사회를 보호해야 한다』, 박정자 옮김, 동문선, 1997, 115쪽.

내전과 현대 민주주의의 상황:
슈미트의 『리바이어던』 해석을 중심으로

내전과 정치

아감벤이 '호모 사케르' 시리즈를 통해 21세기의 정치를 '전 지구적 내전'으로 프레임화한 지도 20여 년이 흘렀다. 그의 프레임을 실증하기라도 하듯 '9·11테러' 이후 벌어진 '테러와의 전쟁'은 국가 대 국가의 고전적 전쟁이라기보다는 범죄자를 색출하는 경찰의 진압 작전에 가까운 양상으로 전개되었다. 유엔 안보리의 결의이든 미국의 독자적 판단이든 테러 집단은 인류를 위협하는 '만인의 적'으로 형상화되어 전쟁은 이제 '정당한 적justus hostis'이라기보다는 '정당한 원인justa causa'에 존립 근거를 찾는다.[1] 주권국가 간의 전쟁이 이유를 막론하고 선전 포고와 교전 규칙을 준수하는 정당한 주체끼리의 무력 충돌이었다면, 테러 집단과의 전쟁은 국제 사회와 인류에 대한 현저한 위험이라는 정당한 원인에서 비롯되는 무력 진압인 셈이다. 즉 이제 적은 인류

사회의 규칙과 규범을 공유하는 동류의 인간이라기보다는 아무런 가치도 공유할 수 없고 애초에 약속이나 신의가 성립할 수 없는 '비인간non-human'으로 간주되는 것이다.[2]

이런 진단이 새삼스러운 것은 아니다. 1991년 소련의 붕괴에 뒤이은 동구 사회주의권의 몰락, 그리고 코소보전쟁이라는 정세 속에서 제출된 아감벤의 진단은 물론 역사적 산물이다. 그러나 거슬러 올라가면 이는 20세기 초에 내려진 진단의 반복이었다. 제1차 세계대전 직후 슈미트는 전 지구적 내전이 국제 정치의 패러다임이 될 것임을 명징하게 예견한 바 있기 때문이다. 출간 이래 한 세기 내내 정치를 고민하는 이들에게 영감과 곤란을 함께 안겨준『정치적인 것의 개념』에서 말이다. 이미 살펴봤듯 이 작품에서 슈미트는 유명한 '적과 동지의 구분'이란 표지를 통해 '정치적인 것das Politische'을 정의한 바 있다. 이른바 적대의 우위를 통해 속류 마르크스주의의 토대 결정론을 부정하려 한 1950~1960년대의 이탈리아 좌파이론가들이나 정체성 정치를 토대로 적대의 민주주의를 정식화한 1990년대의 포스트 마르크스주의자들이 이 작품으로부터 적대를 정치의 일의적 테제로 추출한 것은 시사적이다. 이들은 노동계급이나 다양한 정체성을 가진 이들이 시민 혹은 인류라는 보편 주체와 대비했을 때 대등한 주체로 간주되지 못함을, 즉 동질적 주체로 구성되는 사회에서 추방되어야 할 '비인간'으로 취급되는 흐름을 간파했던 것이다. 그렇기에 반혁명 보수주의자이자 나치 협조자라는 슈미트의 오명에도 20세기 후반의 좌파이론가들은『정치적인 것의 개념』에 기댔다.[3] 보편주의에 입각한 단일 규범이 지배하는 동질 사회에서 정치는 내전의 패러다임 속에서 전개되기 때문이었다.
 그런 의미에서 제1차 세계대전 이래 현재까지 세계는 전 지구적 내전의 소용돌이 속에 있다. 인류 보편의 이념과 가치를 금과옥조로 삼아 개별 국가의 주권 행사를 제한하는 국제연맹/국제연합이든, 시민의 사회권·생존권의 미명 아래 계급 적대를 해소하려는 복지국가의 기획이든, 국민 통합을 앞세워 이질적인 인종적·성적·종교적 정체성을 획일화하려는 국민국가의 기획이든 국제적이고 국내적인 다양한 차원에서 20세기의 정치는 다양성과 이질성에서 비롯되는 분열을 억압했다. 이에 맞서 다양한 층위의 '파르티잔'들은 자신들을 '비인간'으로 규정하고 보편 규범/주체로 동질화하거나 인간 사회로부터 추방하려는 통치의 힘에 맞서 스스로의 땅, 가치, 정체성 등을 지키려 게릴라적 투쟁을 벌였다. 이렇게 전 지구적 내전은 현재까지 전개 중이다. 슈미트와 아감벤의 진단은 20세기의 정치적 상황을 관통하는 하나의 패러다임으로 간주되기에 충분할 정도로 지속된 흐름이었던 셈이다.
 따라서 현대 민주주의는 전 지구적 내전이란 프레임 속에서 다시 음미될 필요가 있다. 근대의 민주주의가 인간의 자유와 평등을 토대로 인민 주권의 원리 위에서 통치 권력을 민주화하고 합리화했음은 주지의 사실이다. 민주주의는 피통치자에게 사형 선고를 내릴 수 있는 권한을 피통치자의 주권화(인민 주권)로 정당화했고(통치의 민주화), 고도로 기능 분화된 통치 권력이 인격체의 자의적 판단이 아니라 인민의 의지로 제정된 법률의 통제 아래 집행되도록 했다(법치주의). 이 모든 것은 권력의 원천을 '인민 people'으로 규정했기에 가능했고, 주권의 담지자는 결코 분할될 수 없는 단일체여야만 했다. 인민이 분열 상태에 있는 한 인민 전체를 통치하는 권력이 정당화될 수는 없기 때문이다.

보댕Jean Bodin에서 홉스를 거쳐 루소Jean Jacques Rousseau까지 근대 정치사상은 이를 '잠자는 주권자sleeping sovereign'라 표현했다. 조어 자체는 루소의 것이지만 이 사상가들은 주권의 단일성을 이렇게 사념했다. 이는 통치 권력이 성립한 뒤에 주권자들, 즉 인민들은 깨어서 저마다의 목소리를 내지 말아야 한다는 주장이었다. 통치 권력이 성립한 뒤에도 인민들이 서로 다른 의견들로 충돌한다면, 다시 말해 주권이 분열된다면 국가의 통일성이 상실될 것이기 때문이다.[4] 이런 맥락에서 보자면 현대 민주주의의 위기는 '깨어난 주권자awakening sovereign'에서 비롯된다고 볼 수 있다. 물론 루소 이래 민주주의는 주권자들의 다양한 목소리를 통치에 반영하는 형태로 진화해왔다. 그러나 그 목소리는 어디까지나 하나의 정치 체제의 근본적 통일성을 파괴하지 않는 한에서 민주주의의 테두리 안에 있었다. 즉 개별 주권자의 다양한 목소리는 어디까지나 단일한 인민의 하나된 목소리로 수렴되는 한에서 민주주의를 진화하게 한 것이다.

그러나 1960년대 이래 미국을 중심으로 등장한 '정체성 정치identity politics'는 이와 다른 양상을 드러낸다. 인종, 성별, 종교, 가계 등 다양하게 분기된 저마다의 정체성이 이제 '미국인'이란 단일성 속에 수렴될 수 없는 분열을 만들어낸 것이다. 식민주의, 인종주의, 성차별주의 등 인민의 단일성에 가려진 오래된 적대가 정치의 한가운데에 등장했으며, 시민 혹은 국민 등 주권을 담지하는 단일한 인민이란 관념이 민주주의의 근간이기는커녕 민주주의를 저해하는 형상으로 비판 받기까지에 이르는 경우도 생겨난 것이다.[5] 하지만 민주주의를 위해 주권자가 잠자야 하는지 깨어나야 하는지는 여기서의 논점이 아니다. 중요한 점은 깨어난 주권자 때문에 흔들리는 민주주의가 슈미트와 아감벤이 말하는 내전과 밀접한 연관이 있다는 사실이다.

일례로 전 지구 차원의 긴급 현안인 난민과 혐오 문제는 이런 맥락에서 조명될 수 있다. 난민과 혐오가 현재 민주주의의 상황을 가늠하는 시금석임을 인정한다면 검토되어야 할 문제는 단일한 인민의 경계 위에서 난민을 둘러싸고 벌어지는 포함과 배제의 전투이며, 이는 슈미트와 아감벤이 현대 정치의 근원으로 포착한 인간과 비인간 사이에 벌어지는 내전의 한 양상이기에 그렇다. 아래에서는 매우 한정적인 지성사의 한 장면에 주목하여 내전 문제를 다룸으로써 현대 민주주의의 상황을 서구의 정치신학적 맥락 속에서 음미해보고자 한다. 그 까닭은 슈미트와 아감벤의 내전이 근대 초기 기독교 정치를 범례로 삼았기 때문이며, 그것이 현대 민주주의의 근원에 깊은 흔적을 남겼기 때문이다. 이때 주목해야 할 슈미트의 특권적 텍스트가 있다. 바로『홉스 국가론 속의 리바이어던: 한 정치적 상징의 의미와 실패 Der Leviathan in der Staatslehre des Thomas Hobbes: Sinn und Fehlschlag eines politischen Symbols』(1938)다. 이 작품에서 슈미트는 근대의 자유민주주의가 어떻게 내전을 자신의 근원으로 삼아 발전했는지를 규명한다. 그리고 이 작품 속의 내전은 아감벤의『리바이어던』해석을 참조하면 철저하게 기독교 종말론eschatology의 자장 안에서 자리매김된다. 이상을 염두에 두고 다음으로 슈미트 정치철학의 이면에 이단을 심문하는 '대심문관

the grand Inquisitor'과 배면복종背面服從의 운명에 내던져진 개종 유대인 '마라노marrano'의 형상이 도사렸음을 확인해보기로 한다.

주권과 종말

"홉스의 종말론은 벤야민이 「신학-정치학 단편」에서 명확히 하려는 것과의 기이한 친화성을 드러낸다."[6] 홉스와 벤야민Walter Benjamin을 연결하는 아감벤의 『리바이어던』 독해는 말 그대로 '기이한' 것임이 틀림없다. 물론 홉스 국가론에 드리운 종말론의 그림자가 기이한 것은 아니다. 이제는 고전이 된 포콕J. G. A. Pocock의 논의를 비롯해 『리바이어던』 3, 4권에 짙게 드리운 종말론적 색채가 음미된 것은 꽤 오래된 일이기 때문이다.[7] 아감벤의 언급은 기존 연구가 제기한 쟁점, 즉 홉스의 종말론 논의가 당대의 종교적 상황과 어떤 관계 속에서 이뤄진 것인지를 의도적인지 아닌지는 모르지만 깊게 다루지는 않는다. 그가 홉스를 종말론이란 아젠다 속으로 끌어들이는 것은 전혀 다른 맥락에서다. 그것은 홉스를 벤야민과 대질하는 대목에서 드러나는, 홉스 연구사에서 보자면 낯선 맥락이라 할 수 있다. 아감벤의 홉스 해석은 2015년 뒤늦게 출간되어 『왕국과 영광』을 '호모 사케르' 시리즈 2-3으로 미뤄내고 2-2로 자리매김된 『내전』에 포함되어 있다. 이는 슈미트와 벤야민 사이의 숨겨진 대립을 논하던 『예외상태』 제4장의 연속선상에 있다.

『예외상태』에서 아감벤은 슈미트와 벤야민의 숨겨진 대화를 실마리 삼아 서구 지성사의 심부에 자리한 문제 설정을 끄집어낸다.[8] 그것은 '예외'와 '주권'을 둘러싼 싸움이었다. 타우베스Jacob Taubes는 벤야민

8번째 역사철학 테제의 '진정한 예외상태wirkliche Ausnahmezustand'가 슈미트의 주권자가 결정하는 예외상태에 대항하는 개념임을 제시하면서 이것이 반혁명과 아래로부터의 혁명을 주장하는 논의에 대한 정치신학적 대립임을 제시한 바 있다.[9] 아감벤은 그 이후 대작『왕국과 영광』에서 이 대립을 종말론의 역사철학 속으로 전위한다. 이 안에서 벤야민과 슈미트의 대립은 메시아와 카테콘 사이의 대립으로 다시 진영화된다.[10] 아감벤의 홉스론은 이 맥락에 자리한다. 그는 홉스를 통해 벤야민과 슈미트 사이의 대립을 내전이라는 선율을 따라 변주하는 것이다. 다시 말해 '주권과 예외'와 '종말론적 역사철학'은 홉스 해석을 통해 내전론으로 재전유되며, 이는 앞서 언급했듯 궁극에서는 정치적인 것의 개념으로 논의를 이끈다. 이때 내전은 주권론과 종말론이 교차하는 십자로라 할 수 있다.

주지하다시피 슈미트의 홉스론은 무엇보다도 먼저『정치신학』의 결정적 장면에 등장한다. "결단주의적 유형의 고전적 대변자는 홉스이다. (…) 홉스는 더 나아가 이 결단주의와 인격주의 사이를 관계 짓는 동시에 구체적 국가 주권 대신 추상적으로 효력을 갖는 질서를 내세우려는 온갖 시도를 배격하는 결정적 논점을 제시했다."[11] 결단주의란 법의 근원을 추상적 규범이 아니라 구체적 인격에 두는 사고방식을 말한다. "진리가 아니라 권위가 법률을 만든다. Auctoritas, non veritas facit legem."는 홉스의 말을 인용하면서 슈미트는 법률 체계로부터 인격성을 말살하려는 온갖 시도에 반대한다. 그에 따르면 법이란 역사 속의 구체적 상황에서 '누군가의 결단'을 통한 산물이지 역사와 공간에 상관없이 보편적으로 적용되는 규범에 토대를 두는 것이 아니다. 그런 의미에서 홉스를 인용하는 슈미트의 원형적 이미지 속에는 절대군주가 있다. 영토 내 사물의 처분과 생물의 생살여탈을 결정하는 주권자 말이다. 홉스는 "예외상태를 결정하는 주권자"의 전형을 슈미트에게 제공했던 것이다.

1938년 슈미트는 그런 홉스의 국가론을 다룬 모노그래프 한 권을 제시한다. 바로 앞에서 말한 『홉스 국가론 속의 리바이어던: 한 정치적 상징의 의미와 실패』다. 이 책에서 슈미트는 홉스가 17세기에 막 태동한 '주권국가'를 '리바이어던'이란 신화적 상징으로 형상화한 의미를 묻는다. 그리고 그 상징이 어떻게 실패하여 몰락의 길을 걷는지를 차분한 어조로 추적한다. 다시 말해 슈미트가 보기에 리바이어던이란 신화적 상징은 홉스가 꿈꾼 주권국가의 영욕榮辱을 상징한다. 한편에서 홉스는 유대기독교 전통 속 지상 최강의 괴물 리바이어던에 빗대어 주권국가의 절대성을 표상했다면, 다른 한편에서 같은 전통 속에서 지상의 종말과 더불어 도살될 리바이어던의 운명에 주권국가의 종말론적 비극을 중첩한 것이다.

슈미트는 이 책의 전반부를 리바이어던을 둘러싼 신화적 해석의 소개로 시작한다. 리바이어던은 유대기독교 전통 속에서 악마, 최강의 바다 괴물, 신의 가축 등으로 해석되어왔다.[12] 그런데 리바이어던에 대한 중세 유럽의 다양한 신화적 의미를 설명하는 가운데 슈미트는 느닷없이 의미심장한 하나의 해석을 소개한다. "유대 카발라 해석에 따르면 리바이어던은 '산상의 여러 짐승', 즉 이교의 여러 민족이며, 세계사는 이교의 여러 국가 사이의 싸움이다. 바다의 나라 리바이어던은 땅의 나라 비히모스와 싸운다. (…) 유대인은 지상의 여러 민족이 서로 죽이는 것을 방관한다. 이렇게 그들은 살해된 여러 민족의 살을 먹고 산다."(L. 17~18쪽) 여기서 비히모스Behemoth란 리바이어던과 함께 「욥기」에 등장하는 최강의 육지 괴물이다. 홉스는 『비히모스』란 제하에 영국 내전을 다룬 저서를 출간한 바 있다. 슈미트는 이를 염두에 두면서 카발라 신비주의의 해석을 소개한다. 홉스에게 리바이어던이 국가를, 비히모스가 내전을 뜻한다고 할 때 두 괴물은 결국 세속 정치의 양극을 의미하는 신화의 형상이라 할 수 있다. 따라서 슈미트는 유대인이 지상의 정치가 상호 살육으로 끝날 때까지 기다렸다가 자신들의 삶을 개시한다는 이야기를 소개한 것이다.

카발라의 리바이어던 신화는 그가 소개한 몇몇 신화 중 하나에 불과한 것이 아니다. 슈미트는 홉스의 리바이어던이 "정치와 종교의 본래적 통일"(L. 22쪽)을 회복했는지, 이를 위해 이 통일을 파괴하려는 "유대기독교의 파괴judenchristliche Zerstörung"(L. 23쪽)에 대항한 일관된 투쟁을 벌였는지를 물으면서 이 신화적 상징의 성공 여부를 가늠하기 때문이다. 여기서 말하는 정치와 종교의 본래적 통일이란 "이교도 Heide/gentile"의 전통으로, 그들은 "종교를 정치의 일부로 간주"(L. 21쪽)한다. 슈미트에 따르면 홉스가 반대한 것은 이 본래적 통일에 정교분리라는 "반란적이고 망국적인 가르침"(L. 21쪽)을 소개한 "유대기독교인Judenchrist"들이다. 여기서 주권국가를 형상화한 리바이어던이란 신화적 상징의 의미가 명확해진다. 슈미트에게 리바이어던이란 형상은 궁극적으로 유대기독교의 전통에 대항하는 것을 의미했다. 따라서 리바이어던의 실패란 결국 그 전통에 대한 굴복을 뜻한 것이다.

그렇다면 유대기독교의 전통이란, 정치와 종교의 구분이란 무엇인가? 유대기독교인이란 초기 기독교 역사에서 예수를 메시아로 믿지만 유대교의 종교 관습을 지킨 유대인들을 지칭한다. 또한 슈미트가 이와 대조적으로 소환한 이교도란 훗날 유대기독교인을 소수파로 만든 다수파 기독교인을 함축한다. 그렇기에 정치와 종교의 분리란 마음으로는 메시아를 믿지만 행위에서는 유대 전통을 따르는 배면복종을 뜻하며, 이것이 유대기독교인의 전통이라 할 수 있다. 슈미트의 이런 진단은 매우 의미심장한 것이다. 이 작품은 전반부에 홉스의 주권이 바로크적 대표Repräsentation의 극한을 지시한다고 하면서 근대 주권의 획기성을 더할 나위 없는 필치로 묘사한다. 바로크적 대표가 주권이란 관념의 가시화라 할 때[13] 근대 주권이란 군주의 육체를 통해 지고의 권력sovereign power을 만방에 과시하는 과시성(=공공성 Öffentlichkeit)[14]에 토대를 둔다. 슈미트에 따르면 홉스는 이 군주의 인격성에서 더 나아가 국가로 제도화된 근대 주권을 하나의 "거대한 기계 große Maschine"(L. 72쪽)라고 간주한다. 이것은 군주의 인격과 달리 일사불란하게 작동하는 한에서 절대적이다. 그 지배에 예외는 없다. 이 기계는 『리바이어던』의 표지 그림과 같이 전체 인민을 하나의 부품으로 하는 거대한 기계이기 때문이다. 일사불란한 기계로까지 고양되어 모든 이가 주권의 과시화를 체현하는 상태가 바로 슈미트가 보기에 홉스 주권의 정점인 것이다.

여기서 슈미트의 홉스론은 『정치신학』과 차이를 보인다. 『정치신학』에서 결단하는 하나의 인격이 중요했다면, 『홉스 국가론 속의 리바이어던』에서 주권은 일사불란하게 작동하는 하나의 기계이기 때문이다. 이 차이는 무엇 때문에 초래된 것일까? 그 사정을 세세히 살펴보는 일은 여기서의 주된 과제가 아니다. 다만 1922년부터 1938년까지 16년 동안 슈미트가 바이마르공화국에서 나치에 이르는 과정을 드라마틱하게 경험했음은 염두에 두어야 한다.[15] 또한 1934년 나치에 가담한 슈미트가 2년 만에 실각하여 프로이센 추밀관이라는 허울뿐인 은둔 생활을 보내야 했다는 사실 또한 기억해두자. 즉『정치신학』에서『홉스 국가론 속의 리바이어던』까지 그는 자유주의와 사회주의에 맞선 반혁명의 정치를 내세우며 악전고투했고, 나치의 등장에 걸었던 보수혁명의 마지막 희망을 상실하는 쓴맛을 경험했다.

그런 의미에서 근대 주권이 몰락의 길을 걸었다는『홉스 국가론 속의 리바이어던』은 스스로의 정치적 전망과 기획이 실패했음에 대한 음울한 고백을 담은 작품이었다. 이 지점에서 중요한 것이 바로 앞에서 말한 유대기독교인이다. 리바이어던은 과연 정치와 종교의 통일을 지켜냈는가를 묻는 슈미트의 자문에 대한 답은 '아니오'다. 그가 보기에 리바이어던은 유대기독교인들에게 패배했다. 그 이유는 홉스가 주권국가의 전능함 속에 "사적인 것과 공적인 것, 신앙과 고백의 구분Die Unterscheidungen von privat und öffentlich, Glaube und Bekenntnis, fides und confessio, faith und confession"(L. 85쪽)이라는 유보를 남겼기 때문이다. 왜 이 구분이 문제인가? 비로 국가 주권이 내면의 신앙이라는 불가침의 영역을 설정하기 때문이다.

"사적 인간은 언제나 자유를 갖는다. (사상은 자유롭기 때문이다.) 기적으로부터 비롯된 행위라고 믿는지 안 믿는지는 모두 그에게 달려 있다. (…) 그러나 그 믿음을 고백할 때 사적 이성은 반드시 공적 이성, 즉 신의 대리인에게 복종해야만 한다."[16] 슈미트는 홉스의 이 구절을 인용하면서 "종교와 정치의 통일을 확립하는 주권이 정점에 달하는 그 순간에 다른 모든 점에서는 그토록 완결적이고 저항할 수 없는 통일 안에 균열이 발생한다."(L. 84쪽)고 통탄한다. 슈미트가 인용한 부분 바로 앞에서 홉스는 중세 유럽을 오랫동안 괴롭혀온 이른바 '기적 신앙' 문제를 다룬다. 세상에 그토록 많은 기적이 진짜 기적인지 아닌지를 판단하는 기준이 무엇이냐는 물음 말이다. 홉스의 대답은 간단하다. 본래적으로 신이 내려야 할 그 판단은 신의 대리인lieutenant of God인 주권자 몫이라는 것이다. 홉스는 17세기 영국의 성공회 교리를 변증하면서 영국 왕이 교회의 의례 절차까지를 규정한다는 입장을 내세운 바 있다.[17] 따라서 홉스는 기적의 진위를 결정하는 것도 주권이라고 규정한다. 하지만 그렇다고 하여 주권자가 기적을 믿는 마음을 강제하거나 금지할 수는 없다고 홉스는 말한다. 즉 마음으로 믿느냐 마느냐는 내면에 달렸다며 제37장에서 유보를 단 것이다. 이것이 주권의 통일성에 균열을 초래하고 말았다는 것이 슈미트의 통탄이었다.

내전은 이 지점에서 개시된다. 유대기독교인 특유의 정치와 종교의 구분이 고백과 신앙의 구분을 틈타 작은 균열을 내전으로 확대시킨 것이다. "『리바이어던』이 간행된 후 얼마 있지 않아 이 작은 틈새가 최초의 자유주의적 유대인의 눈에 머문다. 그는 이것이 홉스가 수립한 내면과 외면, 공과 사의 관계가 역전한 근대 자유주의의 거대한 돌파구임을 알아차렸다."(L. 86쪽) 이 유대인이란 다름 아닌 스피노자다. 슈미트는 이제 『홉스 국가론 속의 리바이어던』 후반부를 할애하여 유대계 자유주의자들이 어떻게 리바이어던을 파괴하여 종국에는 그 살을 뜯어먹는지를 묘사한다. 그것은 한마디로 인류라는 이름의 보편주의가 주권을 멸망하게 하는 과정이다. 프리메이슨으로 대변되는 초국가적 정치 단체는 주권보다 상위의 보편 규범에 따른다. 그들에게 여러 주권국가는 언젠가 멸망하여 인류의 세계가 올 때까지 존속할 낡은 정치 제도일 뿐이다. 이 프리메이슨적 보편 인류의 결사야말로 슈미트가 말하는 유대기독교인의 발명품이다. 행위에서는 자신들이 거주하는 주권의 법질서를 따르는 반면, 내면에서는 그것을 초월하는 보편 규범을 신봉한다.[18] 즉 1세기 유대기독교인의 정치와 종교의 구분을 인용하면서 슈미트는 프리메이슨으로 대변되는 근대 자유민주주의의 보편주의를 비판하는 것이다. 이렇게 내면의 유보는 전 지구적 규모의 내전으로 확대된다. 이제 도처에서 리바이어던들은 자신들을 도살하려는 유대기독교인들(=자유민주주의자들)의 음모로 도륙된다. 이렇게 근대 주권과 슈미트의 정치 기획은 유대기독교인들에 의해 종말을 맞이한다.

그래서 슈미트의 내전은 역사적 종말이다. 리바이어던들을 도륙하여 먹어 치우는 카발라 신비주의의 신화가 여기에 중첩되니 말이다. 그런데 반유대주의의 색채가 짙게 묻어나는 슈미트의 내전과 종말론의 서사는 『홉스 국가론 속의 리바이어던』에서 처음 등장한 것이 아니다. 슈미트는 학자로서의 경력을 시작할 때부터 독특한 반유대주의 속에서 스스로의 사유를 단련해왔기 때문이다.[19] 슈미트는 『정치신학』에서 법질서의 궁극에 인격적 결단이 아니라 보편적 규범을 상정한다고 규범주의를 비판할 때 그 대표 인물로 저명한 유대인 법학자 켈젠Hans Kelsen을 먹잇감으로 삼아 격렬하게 비난했다.[20] 그리고 같은 작품 속 마지막 장에서 코르테스Donoso Cortés를 비롯한 '반혁명의 위대한 사상가'들을 소환하여 규범주의에서 무정부주의까지를 결연한 어조로 공격할 때 슈미트의 마음속에는 하나의 무시무시한 형상이 똬리를 트고 있었다. 그것은 바로 대심문관이었다. 그런 의미에서 초기 기독교 세계의 유대기독교인을 소환하며 슈미트가 궁극에서 '적'으로 삼은 것은 근대의 개종 유대인 '마라노'[21]들이었다고 할 수 있다. 슈미트의 정치철학에서 근저의 심연은 결국 대심문관과 마라노 사이에서 벌어진 내전이었던 것이다. 아감벤을 참조하면서 이 내전의 의미를 깊이 들여다보자.

무지와 공모

사실 아감벤 『내전』의 홉스론은 그렇게 새로운 내용을 담고 있지는 않다. 『리바이어던』 표지 그림에 대한 도상학적 분석에서 출발하여 주권과 내전 사이의 상관관계를 도출한 뒤 종말론적 함의로 마무리되는 논의는 여러 기존 연구의 조합 이상은 아니다.[22] 요지는 '호모 사케르' 시리즈에서 무한히 반복되는 '포함하는 배제' 혹은 '비식별역'이라는 위상학의 중요성이며, 내전이야말로 테러 시대에 주목해야 할 비식별역이라는 주장이다. 언제나 매혹적이지만 상세히 검토해보면 의아스러운 부분이 많은 아감벤의 논의 전개를 본격적으로 비판하는 일은 잠시 접어둔다. 그러나 『내전』을 독해하면서 아감벤의 드러나지 않은(혹은 스스로가 은폐한) 사유의 편린을 엿보는 일은 슈미트의 내전을 해석하기 위해 필수적이다. 그것은 바로 '육체'와 관련된 부분이다.

아감벤이 홉스 해석 초반부에 제기하는 문제는 왜 표지 그림 속 도시 안에 사람이 없냐는 것이다. 이에 대한 답을 그는 '무리multitude'와 관련된 홉스의 『시민론De Cive』 독해를 통해 제시한다. 아감벤이 인용하는 『시민론』 XII장 8절을 읽어보자.

> 인민people은 하나이며, 하나의 의지를 갖고 있으며, 하나의 행위를 할당 받을 수 있다. 무리multitude는 결코 그렇지 않다. 모든 도시에서는 인민이 통치한다. 심지어 군주제에서도 인민이 명령하기 때문이다. 인민은 한 인간one man의 의지will를 통해 의지하기 때문이다. 하지만 무리는 시민citizens, 즉 신민subjects이다. 민주제 그리고 귀족정에서 시민은 무리지만 의회court가 인민이다. 그리고 군주제에서 신민이 무리이고 (비록 역설이지만) 왕이 인민이다.[23]

아감벤은 이 구절에서 '역설paradox'에 주목하여 스스로의 논의를 전개한다. "역설에는 단절(무리/인민: 시민의 무리는 인민이 아니다)과 동일화가 모두 포함되어 있다. 인민은 자신을 분할한다는, 즉 자신을 '무리'와 '인민'으로 나눈다는 조건 아래 주권자다. 하지만 유일하게 현실적인 것, 즉 자연적 육체들의 무리—이것은 홉스를 너무나 사로잡았다—는 어떻게 단일한 인격이 될 수 있을까? 그리고 일단 왕 속에서 하나로 통일되면 자연적 육체들의 무리는 어떻게 될까?"[24] 이에 대한 답으로 아감벤은 무리의 두 가지 형상을 제시한다. 바로 "통일되지 않은 무리disunited multitude"와 "해체된 무리dissolved/dissolute multitude"[25]다. 만인에 대한 만인의 투쟁이 전개되는 자연상태에서 사람들은 모두 '통일되지 않은 무리'다. 그러나 일단 신약covenant이 맺어지고 주권이 성립되면 사람들은 모두 '해체된 무리'가 된다. 여기서 아감벤은

'통일되지 않은'과 '해체' 사이에 국가와 내전이 문턱으로 자리한다고 해석한다.[26] 즉 통일되지 않은 무리에서 해체된 무리로 가는 문턱에는 국가가, 그 반대에는 내전이 자리한다. 그래서 국가와 내전은 두 무리 사이의 이행을 표시하는 문턱이다. 따라서 인간의 두 무리를 국가와 내전으로 분할하는 것이 아감벤의 클리셰인 주권이란 장치인 셈이다.

그러나 아감벤의 독해는 홉스에 대한 충실한 해석이라기보다는 자신의 주장을 위한 자의적 인용이란 혐의를 지울 수 없다. 아감벤이 인용하는 『시민론』의 해당 부분은 사실 인민의 분할이 아니라 군주정 mornarchy으로부터 민주정democracy/귀족정aristocracy을 구분하면서도 주권의 분할 불가능성을 논하는 데에 주안점이 있기 때문이다. 민주정/귀족정에서는 주권이 하나의 인격(군주)이 아니라 복수의 사람(의회)에게 귀속된다. 주권이 언제나 인민에게서 비롯되는 한에서 역설적이지만 군주제에서는 군주가 인민이라는 것이 홉스의 주장이었던 셈이다.[27] 그것은 지극히 단순한 비교의 수사인 것이며, 그런 까닭에 홉스는 '역설적'이라는 표현을 썼던 것이다. 물론 징후적 독해를 통해 인민의 분할을 도출할 수 있겠지만 전후 맥락(민주정/귀족정과 군주정의 구분이라는 중심 주제)을 살펴볼 때 홉스의 수사법은 없어도 될 사소한 부분임을 부정할 수는 없다. 그래서 아감벤이 홉스의 단순한 수사적 비교를 복잡한 논의 구도로 인용하는 일은 특정한 효과를 위한 것이다. 그것은 바로 홉스의 논의를 종말론의 자장으로 끌고 가는 일이다.

"만약 신의 나라를 비유적으로가 아니라 말 그대로 이해해야 한다는 홉스의 주장을 진지하게 받아들인다면 그것은 지상의 시간이 종말에 이를 때 리바이어던에서 머리라는 허구는 지워지고 인민이 자신의 육체를 발견하게 되리라는 것을 의미한다."[28] 이어지는 논의에서 아감벤은 종말 뒤에 발견되리라는 육체에 관해서는 함구한다. 물론 그에게 종말과 육체는 결정적으로 중요한 아젠다지만(5장 참조) 여기서 육체 문제("자연적 육체들의 무리")는 그저 홉스를 벤야민이 제기한 종말론의 자장으로 이끄는 길잡이에 지나지 않는다. 전략적 효과는 명백하다. 근대 국가 탄생의 원천적 장면이 벤야민의 종말론과 중첩되며, 그런 까닭에 근대 정치(민주주의나 법치주의)는 주권과 종말론의 십자로, 즉 내전론으로 재전유되어야 한다는 것이다. "홉스의 정치학을 규정하는 것은 종말론적인 것과 정치적인 것의 혼동이 아니라 상호 자율적인 두 권력 사이의 독특한 관계다. 리바이어던의 왕국과 하느님의 왕국은 정치적으로 자율적인 두 가지 현실로, 결코 혼동되어서는 안 된다. 하지만 후자가 실현될 때 전자는 필연적으로 사라져야 한다는 의미에서 둘은 종말론적으로 연결되어 있다."[29]

아감벤은 벤야민이 신의 왕국은 결코 지상의 범주가 아니라고 말한 것에 홉스의 논의를 이렇게 중첩한다. 그래서 그에게 지상의 정치는 어떤 목적을 위한 것이 아니다. 그것은 그저 '끝'을 내는 일, '멈추는' 일일 뿐이다. 이 지점에서 아감벤은 슈미트와 반목하면서 공모한다. 여기서 상기해야 할 사실은 슈미트가 홉스의 세속 국가를 카테콘적 맥락에서 읽었다는 사실이다. "나는 카테콘이란 개념 말고는 기독교 신앙에 고유한 역사 개념이 있을 수 있다고는 믿지 않는다."[30] 카테콘이란 적그리스도Antichrist의 도래를 억제하는 자다. 그래서 기독교 신앙에 고유한 역사 개념, 즉 구원을 기다리는 지상 세계의 시간 개념은 적그리스도의 억제 없이는 의미를 상실한다고 슈미트는 말한다.

진정한 구원을 기다리며 가짜 구원을 피해야 하기 때문이다. 슈미트는 이 맥락에서 기독교 로마 제국과 근대 주권국가의 역사적 의미를 변증한다. 제국과 주권국가는 모두 적그리스도를 억제하여 역사 개념을 유의미하게 만든 제도체인 셈이다.

그러나 아감벤은 슈미트가 제국과 주권국가에 아무런 희망도 품지 않았음을 간파했다. 다시 말해 슈미트가 카테콘을 통해 발견한 역사의 의미는 어떤 가치나 이념을 가진 사상 내용이 아니라는 것이다. 그가 벤야민과 슈미트를 대질한 까닭이 여기에 있다. 이 대질의 밑바탕에는 나치즘을 하나의 이념을 가진 정치 체제로 보아서는 안 된다는 판단이 깔려 있다. 벤야민과 슈미트의 대립은 말할 필요도 없이 나치즘과 파시즘을 축으로 하는 것이다. 그런데 그것은 선과 악과 같은 가치나 이념의 대립이 아니다. 벤야민에게 나치즘이란 어떤 대항 이념으로 극복할 수 있는 이념 체제가 아니라 멈춰야 할 역사 자체였다. 신의 왕국이 현세의 정치와 아무런 연관이 없다는 벤야민의 말은 이 맥락에서 이해되어야 한다. 신의 왕국이 인간 세계의 바람직한 목표가 아니라는 벤야민의 주장은 현세의 정치가 가치와 이념으로 의미화될 수 없음을 말하는 것이기 때문이다.[31] 그렇다면 벤야민이 말하는 현세의 정치는 무엇인가? 그것은 바로 슈미트가 『정치신학』에서 정식화한 주권에 대항하는 일이다.

슈미트는 예외상태를 결정하는 주권자의 결정은 결정 자체라고 말한 바 있다. 즉 아무것도 결정하는 것이 없는 순수한 결정이라는 것이다. 이는 결국 목적 없는 행위다. 즉 그 결정에는 아무런 가치나 이념이 없다. 그렇기에 벤야민이 말하는 현세의 정치는 저 순수한 결정,

결정 자체인 결정에 대립한다. 다시 말하지만 그것은 자유주의와 사회주의, 공산주의와 자본주의와 같은 특정한 사상 내실의 대립이 아니다. 그것은 결정과 탈결정이라는 목적 없는 행위 사이의 대립일 뿐이다. 그렇다면 이 목적 없는 행위란 무엇인가? 아마도 물음은 일반 수준에서는 답을 얻을 수 없다. 그 답은 철저하게 슈미트의 텍스트에 천착하여 발견되어야 한다. 이때 슈미트가『정치신학』후반부에서 무정부주의와 혁명을 제지하는 '독재Diktatur'를 요청한 코르테스를 인용했음을 상기하자.[32] 코르테스의 독재란 다름 아닌 도스토옙스키의『카라마조프가의 형제』에 등장하는 대심문관이다. 이 심문관은 인간 세계의 올바름이나 바람직함 따위에는 무지하다. 그는 그저 적그리스도를 색출하는 대심문관일 뿐이다. 그는 신의 왕국이 도래해야 한다는 목표를 위해 무언가를 도모하거나 집행하지 않는다. 그저 슈미트의 대심문관은 "너는 누구냐"는 물음을 반복할 뿐이다.『홉스 국가론 속의 리바이어던』에서 종말을 고했던 주권자는 이 대심문관이었다. 자유민주주의자들이 내면의 자유를 무기로 리바이어던을 물어뜯음으로써 시작된 내전은 결국 대심문관을 살해한 것이다.

그러나 슈미트의 음울한 자기 연민보다 대심문관이 전개한 내전의 양상이 중요하다. 그것이 슈미트에게 자유민주주의 등장 이후의 정치적인 것의 근원적 형태이기 때문이다. 이 지점에서 다시 한번 마라노가 등장할 차례다. 내전의 궁극적 적인 개종 유대인들 말이다. 마라노들이란 내면과 외면이 일치하지 않는 자들이다. 그들은 기독교 공동체를 부식시키는 자들이며, 이들의 존재는 궁극적으로 적그리스도가 여전히 현세에 군림한다는 것을 뜻한다. 그들만이 선택되어 구원될 민족임을 내면에서 믿어 의심치 않는 거짓 구원의 신봉자들이기에 그렇다. 그렇기에 대심문관을 범례로 하는 슈미트의 내전은 궁극적으로 마라노를 색출하여 심문하는 일일 수밖에 없다. 그리하여 내전은 마라노라는 회색인을 표적으로 삼는다. 겉으로는 개종했으나 마음으로는 개종하지 않은 이들을 적으로 삼은 내전은 심문과 검열을 중심으로 전개되는 것이다.

그렇기에 주권과 보편주의의 내전은 수색과 색출과 검열과 심문으로 이뤄진 가혹한 고문으로 이어진다. 그리하여 일상은 의심과 음모와 협잡과 고발로 넘쳐흐르고 만다. 그는 자유주의를 극복하는 도덕적 가치가 시대를 극복할 수 있다고 믿지 않았다. 그저 "너는 누구냐"를 중심으로 구성되는 목적 없는 심문만이 정치의 모든 것이 되는 내전을 '정치적인 것'의 궁극적 형상으로 삼았다. 그것이 종말을 지연하게 하는 유일하게 유의미한 정치였던 것이다. 이제 마라노들, 즉 자유민주주의자들이 승리한 것으로 보이는 20세기 후반에 슈미트가 어떤 내전의 역설을 발견해내는지를 간략하게 살펴보고, 그것을 통해 현대 민주주의의 상황을 검토하는 것으로 논의를 마무리하기로 한다.

내전의 지속

『홉스 국가론 속의 리바이어던』의 음울한 자기 연민은 현실의 것으로 판명되었다. 나치는 패망했으며 슈미트 자신은 연합군에게 체포되어 투옥과 재판을 겪은 후에 고향으로 돌아가 기나긴(1948년에서 1985년까지) 은둔 생활을 보낼 수밖에 없었다. 그렇지만 슈미트의 필봉은 꺾이지 않았다. 1950년대부터 재개된 집필 활동은 대작『대지의 노모스』를 비롯해 햄릿론을 포함하여 다양한 분야를 망라하면서 전개되었기 때문이다. 그중 이 글의 내용과 관련하여 주목해야 할 것은 단연 『파르티잔 이론』이다. '정치적인 것의 개념에 대한 중간 점검'이란 부제에서 알 수 있듯 이 책은 '적/동지 구분'의 현재적 상황을 파르티잔 개념을 중심으로 고찰한 작품이며, 그런 의미에서 『정치적인 것의 개념』의 속편이라 간주해도 무방하다. 그런데 제1편이 정치적인 것의 범례가 국가 간 전쟁에서 내전으로 옮겨갔음을 논의했다면, 제2편인 『파르티잔 이론』은 파르티잔이 전개하는 '전 지구적 내전'을 전제로 삼아 어떤 전개 과정을 밟았는지를 논의한다. 이 과정에서 슈미트는 여전히 내전이 차이 나게 지속되는 상황을 의미화하면서 대심문관의 부활 가능성을 타진하는 것으로 보인다.

『홉스 국가론 속의 리바이어던』의 단계에서 슈미트는 대심문관의 패망을 예감했다. 그는 현대의 마라노 프리메이슨에 기원을 두는 보편주의적 자유민주주의가 주권국가 체제를 잠식했음을 알아차렸고, 최후의 저항이었던 나치의 패망은 미국 주도의 보편주의가 지구를 하나의 세계로 만들게 될 것을 회한의 찬 눈으로 바라보고 있었다. 그러나 제2차 세계대전 이후 슈미트의 음울한 예상, 즉 미국을 중심으로 한 서구 자유민주주의의 보편주의가 세계를 석권하리라는 예상이 그리 쉽게 실현되지 않을 것이란 징후가 곳곳에서 생겨난다. 물론 슈미트는 자유민주주의가 자신의 이념만으로 세계를 재패할 것이라 생각할 만큼 순진하지 않았다. 물론 소비에트 사회주의라는 또 하나의 보편주의도 마찬가지였다. 자유민주주의든 사회주의든 슈미트는 제2차 세계대전 이후의 보편주의를 이념적 재패로 보지 않은 것이다. 그렇다면 슈미트가 보기에 세계는 무엇을 통해 보편화되었는가? 바로 '기술'이었다.

그가 보기에 1930년대 후반 미국과 소련의 체제는 이념이 아니라 물질적 생산을 지탱하는 기술의 측면에서 동일한 것이었다. 자유나 민주주의나 평등이나 사회주의나 공산주의 등은 결코 기술보다 더 보편적인 형식이 될 수 없었기 때문이다. 그리고 기술은 고전적 세계가 상식으로 삼은 공간지각을 급격하게 변화시킨다. 잠수함으로 해전이 변화했듯 미사일과 핵무기로 전쟁이 결정적으로 변화했으며, 군사 기술에서 비롯된 다양한 산업 기술은 인간의 공간지각과 그에 따른 규범의식을 획기적으로 변화하게 했다. 이 모든 것이 보편주의의 승리를 특징짓는 요소들이었다. 기술에 기초한 보편주의, 이것이야말로 마라노의 후예 프리메이슨들이 세계를 정복한 궁극의 세계관이었다. 기술은 자체 내에 그 어떤 이념이나 가치도 내장하지 않는다. 하지만 기술은 모든 이념이나 가치를 위해 복무할 수 있으며, 동시에 모든 경우에 이념이나 가치를 능가하고 지배한다. 하이데거와 프랑크푸르트 학파의 근대 기술 합리성 비판을 상기하는 것으로 충분할 것이다. 아무런 이념과 가치가 없는 텅 빈 보편주의, 19세기의 대심문관과 마라노 사이에 벌어진 저 종말론적 내전은 제2차 세계대전 이후 기술의 세계 재패를 통해 복구할 수 없을 정도로 세계를 무의미한 것으로 만든 셈이다.

그러나 슈미트가 보기에 기술에 바탕을 둔 보편주의가 결코 정복하지 못한 존재들이 있었다. 바로 파르티잔들이었다. 1950년대 이래 구식민지 지역들/국가들에서 전개된 파르티잔 투쟁은 슈미트로 하여

금 새로운 정치적인 것의 가능성을 보게 만들기에 충분했다. 특히 베트남에서 전개된 대프랑스 민족해방전쟁은 압도적 기술 우위를 내세운 보편주의가 패퇴하는 장면을 보여주었다. 슈미트가 파르티잔을 패러다임으로 하여 나폴레옹전쟁 이래의 정치사를 재서술한 까닭이 여기에 있다. 그는 자유민주주의가 세계를 석권하기 시작한 19세기에 반보편주의의 계기가 살아 숨 쉬었음을 제시하면서 내전이 결코 끝나지 않았음을 주장하려 한 것이다. 즉 기술 합리성이 석권하여 종식된 것으로 보이는 내전은 19세기 파르티잔들의 저항으로 지구를 하나로 만들지 못했고, 레닌과 마오쩌둥과 호찌민으로 이어지는 현대 파르티잔의 투쟁은 내전을 상이한 양상으로 지속한다는 것이다. 그런 한에서 정치적인 것은 사라지지 않았다. '중간 점검'을 할 수 있는 까닭이 여기에 있었다.

여기서 슈미트가 그려내는 역사를 고스란히 수긍할 필요는 없다. 다만 슈미트가 파르티잔을 통해 그려낸 내전의 지속이 현대 민주주의에 중요한 함의를 던진다는 사실이 중요하다. 그것은 개인 저마다의 내면의 자유를 근거로 다원주의와 관용의 원칙에 입각한 정치 문화를 내세웠던 자유민주주의의 역설이라 할 수 있다. 슈미트는 파르티잔의 투쟁에 대해 다음과 같이 말한다. "파르티잔은 '배후에서는 파르티잔, 앞에서는 친교'라는 주지의 원칙에 따라 항상 적의 배후에서 싸워야 한다."[33] 이제 자유민주주의를 위시한 현대의 보편주의자들은 파르티잔이라는 배면복종의 존재들과 싸움을 벌여야 한다. 그들은 신출귀몰하며 겉으로는 선량한 이웃으로 행동한다. 여기서 다원주의와 관용의 원칙은 하나의 역설에 부딪힌다. 모든 이가 내면을 통치 권력 바깥의 영역으로 두어야 하는 자유민주주의는 그 원리 때문에 내부적 혼란에 빠진다. 이웃이 파르티잔일지도 모른다는 혼란에 말이다.

대심문관의 물음에 대항하여 보편주의적 연대로 세계를 석권한 마라노의 후예들은 이제 자신들이 대심문관이 되어야 할 운명에 처한다. 슈미트는 이 지점에서 야릇한 미소를 지었을지 모른다. 어제의 마라노들이 오늘의 대심문관이 되었다고, 그리하여 "너는 누구냐"를 묻는 종말론적 내전은 여전히 현재진행형이라고. 그래서 현대 민주주의의 상황은 독재로 형상화되는 대심문관이 아니라 자유와 관용의 이름을 단 대심문관과 마주하고 있다. 테러와의 전쟁이라는 미명 아래 자유의 전사들은 세계 방방곡곡을 수색하고 공격하고 난도질한다. 또한 도처에서 깨어난 주권자들이 동질적 사회에 대항하여 저마다의 정체성을 공론장에 제시하는 가운데 자유의 대심문관은 "너는 국민이냐"며 심문과 색출을 일삼는다. 호모 포비아와 이슬람 혐오로 무장한 관용의 대심문관은 "너는 국민이냐"며 배제와 추방을 반복한다. 그래서 현대 민주주의는 인권을 무기로 자유와 평등을 지켜낼 수 없을 지경이 되었다. 인권이 차이 나는 이들을 동질적 이들로 범주화할 수 있는 한에서 작동하는 권리의 개념이라면 인권은 더할 나위 없이 미시적으로 기능 분화된 행정 기술에 힘입어 심문과 색출과 배제와 추방의 상처로 난도질 당한 지 오래이기 때문이다.

그런 의미에서 슈미트의 미소는 민주주의의 위기를 말하는 기표다. 대심문관이 된 보편주의는 스스로의 이념을 배반하기 때문이다. 과연 이 상황에서 이질적 세계를 꿈꾸는 파르티잔들은 "너는 누구냐"를 반복하는 종말론적 내전을 종식할 수 있을까? 아마도 그 가능성은 희박할 것이다. 신의 왕국이 현세의 목표가 될 수 없다면, 즉 정치적 행위가 이념과 가치의 사상 내용을 목적으로 삼을 수 없다면(그것은 아무리 보편적이라고 해도 필연적으로 내전을 반복한다) "너는 누구냐"는 물음을 멈추는 행위의 반복만이 민주주의의 요체가 될 것이기에 그렇다. 그런 의미에서 현대 민주주의는 자유와 민주와 평등이라는 고상한 이념의 실현이 아니라 저 대심문관의 물음을 다양한 방식으로 비껴가는 수행적 실천에 달려 있다. 즉 난민을 동질적 시민으로 포섭하는 전략이나 혐오를 인권을 통해 방어하는 방식이 아니라 보편주의를 교란하는 파르티잔처럼 대심문관의 심문과 검열을 비껴가며 치고 빠지는 게릴라전이 요청되는 것이다. 물론 슈미트는 파르티잔 속에서 희망을 본 적은 없다. 그저 승승장구하듯 보이는 보편주의를 조소하기 위해 파르티잔이란 형상을 부각한 것뿐이었다. 그래서 파르티잔을 슈미트의 조소로부터 구원하는 일이 필요하다. 그것이 보편주의로 침윤된 민주주의 비판을 위한 조그마한 기여가 될 것이다.

1   Carl Schmitt, *The Theory of the Partisan: A Commentary/Remark on the Concept of the Political*, A. C. Goodson trans., Michigan State University Press, 2004, p.21.
2   이에 관해서는 다음을 참조한다. Daniel Heller-Roazen, *The Enemy of All*, Zone Books, 2009, pp.9~11.
3   일례로 다음을 참조한다. 샹탈 무페, 『정치적인 것의 귀환』, 이보경 옮김, 후마니타스, 2007, 8장.
4   이에 관해서는 다음을 참조한다. Richard Tuck, *The Sleeping Sovereign: The Invention of Modern Democracy*, Harvard UP, 2015.
5   이에 관해서는 다음을 참조한다. 마크 릴라, 『더 나은 진보를 상상하라』, 전대호 옮김, 필로소픽, 2018. 물론 이 책은 20세기 후반의 미국 정치가 과도한 정체성 정치로의 몰입 때문에 단일한 인민 차원을 상실하여 진보 정치의 동력이 상실되었다는 비판을 주된 내용으로 한다. 그런 의미에서는 논제에 대한 공평한 입장이라고는 할 수 없지만 민주주의와 관련한 '잠자는 주권자'와 '깨어난 주권자' 사이의 쟁점이 무엇인지를 긴장감 있게 보여준다.
6   조르조 아감벤, 『내전』, 조형준 옮김, 새물결, 2017, 104쪽.
7   대표 논의를 소개하면 다음과 같다. J. G. A. Pocock, "Time, History, and Eschatology in the Thought of Thomas Hobbes"(1971), *Politics, Language, and Time: Essays on Political Thought and History*, Unviersity of Chicago Press, 1989; 『마키아벨리언 모멘트: 피렌체 정치사상과 대서양의 공화주의 전통』(1975), 곽차섭 옮김, 나남, 2011; Patricia Springborg, "Leviathan and the Problem of Ecclesiastical Authority", *Political Theory* 3/3, 1975; 池

田貞夫, 「ホッブズにおける自然·人間·社会」, 『中央大学論集』 2, 1981; E. J. Eisenach, "Hobbes on Church, State and Religion", *History of Political Thought* 3/2, 1982; R. J. Halliday, T. Kenyon and A. Reeve, "Hobbes's Belief in God", *Political Studies* 31/3, 1983; Johann Sommerville, *Thomas Hobbes: Political Ideas in Historical Context*, St. Martin's Press, 1992; "Hobbes, Selden, Erastianism and the history of the Jews", *Hobbes and History*, Routledge, 2000. 대별하면 1권과 2권이 무시간적 이론이라면, 3권과 4권은 시간 축을 도입하여 종말과 구원의 문제를 제기했다는 해석Pocock, Springborg, 池田에서 홉스의 성서 인용과 국가/교회 관계론이 모두 반청교도적 성공회Anglican의 해석에 뿌리를 둔 반종말론적 성격의 것이라는 해석Eisenach, Sommerville까지 상반되는 결론에 이른다. 그러나 전체적으로『리바이어던』3권과 4권에 초점을 맞춘 연구는 홉스가 당대의 청교도들이 주장했던 '천년왕국설'과 어떤 형태로든 씨름했으며, 그런 의미에서 국가-교회의 정치적/신학적 상관관계를 종말론의 자장 속에서 다룰 수밖에 없었음을 기본 전제로 공유한다.

8   이에 관해서는 다음을 참조한다. 조르조 아감벤, 『예외상태』, 김항 옮김, 새물결, 2009, 4장.

9   Jacob Taubes, *To Carl Schmitt: Letters and Reflections*, K. Tribe trans., Colombia UP, 2013, pp.16~18. 아감벤의 논의는 이를 문헌적으로 확장한 것이다. 이에 관해서는 다음을 참조한다. 김항, 「신의 폭력과 지상의 행복: 발터 벤야민과 탈정치신학」, 『종말론 사무소』, 문학과지성사, 2016.

10 이에 관해서는 다음을 참조한다. 김항, 「종말론 사무소의 일상 업무: 조르조 아감벤의 메시아니즘」, 앞의 책. 후술하겠지만 카테콘katechon이란 역사의 종말을 지연하는 자의 형상이며, 바울의 「데살로니카인들에게 보낸 두 번째 편지」에 등장하는 개념이다.

11 칼 슈미트, 『정치신학』, 김항 옮김, 그린비, 2009, 50~51쪽.

12 Carl Schmitt, *Der Leviathan in der Staatslehre des Thomas Hobbes: Sinn und Fehlschlag eines politischen Symbols*(1938), Hohenheim, 1982, pp.9~20. 본문에서 이 책의 인용은 (L. 쪽수)로 표기한다.

13 이에 관해서는 다음을 참조한다. Carl Schmitt, *Römischer Katholizismus und politische Form*, Theatiner, 1925.

14 이에 관해서는 다음을 참조한다. 위르겐 하버마스, 『공론장의 구조변동』, 한승완 옮김, 나남, 2001, 66~78쪽. 하버마스가 부르주아적 공론장의 예비 고찰 속에서 탐사하는 '과시적 repräsentativ 공공성'은 슈미트의 바로크적 대표 개념을 원용한 것이다.

15 이 부분은 지성사적으로 매우 중요한 부분이며, 향후 논문으로 발전시키면서 문헌과 해석을 충실히 보충할 계획이다.

16 Thomas Hobbes, *Leviathan*, Oxford World's Classics, Oxford UP, 1996, chap 37, p.296.

17 이와 관련하여 홉스는 영국 국교회 교리의 저명한 이론가 후커Richard Hooker의 영향 아래 있었다. 이에 관해서는 다음을 참조한다. F. J. Shirley, *Richard Hooker and Contemporary*

Political Ideas(1949), Hyperion, 1979; Robert K. Faulkner, *Richard Hooker and the Politics of a Christian England*, University of California Press, 1953; Paul J. Johnson, "Hobbes's Anglican Doctrine of Salvation", *Thomas Hobbes in HIs Time*, Ralph Ross et al. ed., University of Minnesota Press, 1974. 홉스는 후커의 영향 아래에서 예수를 구세주로 믿느냐는 물음을 주교에게 남겨진 영역으로 간주한다. 즉 내면의 신앙을 국가의 권한 바깥에 둔 것이다. 이것이 슈미트가 말하는 신앙과 고백의 구분이다.

18 이에 관해서는 다음을 참조한다. Reinhart Koselleck, *Critique and Crisis: Enlightenment and the Pathogenesis of Modern Society*, MIT Press, 2000; 김항, 「전쟁의 정치, 비판의 공공성: 슈미트와 하버마스 사이에서」, 앞의 책.

19 다분히 정신분석학적 '망상'이라고까지 평가할 수 있는 과도한 해석이기는 하지만 19세기 독일의 남근중심주의의 자장 속에서 슈미트의 반유대주의를 다룬 책으로는 다음을 참조한다. Nicolaus Sombart, *Die Deutschen Männer und Ihre Feind: Carl Schmitt Ein Deutsches Schicksal Zwischen Männerbund und Matriarchatsmythos*, Carl Hanser, 1991. 이 책의 저자 좀바르트는 저명한 유대인 경제사학자 베르너 좀바르트의 늦둥이 아들이며, 유년 시절 슈미트가 가정교사로 가르친 학생이다.

20 참고로 켈젠은 슈미트를 쾰른대학교 교수로 초빙한 인물이다.

21 마라노의 역사에 관해서는 다음을 참조한다. 小岸昭, 『マラーノの系譜』, みすず書房, 1998. 1492년 이자벨 여왕의 국토 통일을 계기로 스페인에서는 대규모의 유대인 추방이 자행되었고, 개종 유대인 마라노들에 대한 철저한 감시와 검열을 통해 이교도를 색출하여 화형에 처했다. 이후 유대인은 유럽 전역에 디아스포라 상태로 살아갔고, 스피노자를 비롯하여 수많은 마라노의 후예가 화형의 공포를 집단 심성으로 간직한 채 이른바 '유대계'의 계보를 형성했다. 이에 관해서는 넓고 깊은 지성사적 서술이 필요하지만 여기서는 마라노의 존재 의의를 시사하는 것으로 그친다.

22 물론 『내전』은 짧은 두 강연을 토대로 한 작품이라는 점에서 본격 연구서로 취급될 수는 없다.

23 조르조 아감벤, 『내전』, 76쪽 재인용. 번역은 다음을 참조해 수정했다. Thomas Hobbes, *Man and Citizen*, Bernard Gert ed., Hackett, 1998, p.250.

24 조르조 아감벤, 앞의 책, 76~77쪽.

25 *Leviathan*, chap 18, p.115. *Man and Citizen*, chap 7, p.197.

26 조르조 아감벤, 앞의 책, 81쪽.

27 이에 관해서는 다음을 참조한다. 리처드 턱, 앞의 책, 63~120쪽. 보댕, 그로티우스, 홉스, 루소를 중심으로 근대 민주주의의 장면에서 주권sovereign과 통치government를 구분하여 전자의 분열을 막는 것이 민주주의의 요체였다는 턱의 주장은 아감벤의 『왕국과 영광』의 주된 논지와 동일하다. 이런 흐름은 16세기 이래 네덜란드에서 발원한 네오 스토이시즘의 행정국가 기획에서 발견될 수 있으며, 이후 이 흐름은 19세기 독일의 행정국가학Polizeiwissenschaft으로

계승된다. 이에 관해서는 다음을 참조한다. Gerhard Oestreich, *Neostoicism and the Early Modern State*, David McLintock trans., Cambridge UP, 1982. 이런 측면에서 보자면 『왕국과 영광』은 과도한 현학으로 기존 연구를 성과 없이 반복했다는 혐의로부터 자유로울 수 없다. 그래서 아감벤의 서술 의도가 전혀 다른 곳에 있었음을 이야기해주는 증좌이기도 하다.

28 조르조 아감벤, 『내전』, 99쪽.
29 앞의 책, 104쪽.
30 Carl Schmitt, *The Nomos of the Earth: in the International Law of the Jus Publicum Europaeum*, G. L. Ulmen trans., Telos, 2003, p.60.
31 이에 관해서는 다음을 참조한다. 발터 벤야민, 「신학적·정치적 단편」, 『발터 벤야민 선집』 5, 최성만 옮김, 길, 2008, 129~130쪽.
32 슈미트의 코르테스 인용을 중심에 놓고 벤야민과의 논쟁을 해석한 것이다. 이에 관해서는 다음을 참조한다. 김항, 「독재와 우울: 벤야민과 슈미트의 1848」, 『말하는 입과 먹는 입』, 새물결, 2008.
33 Carl Schmitt, *The Theory of the Partisan*, p.38.

너무 많이 알아버린 남자:
내전을 살다간 최인훈

세계의 초월성과 책

절대로 펴보지 말아야 할 책이 누구에게나 있는 법이다. 펼쳐보면 더 배울 것이 없는 그런 책. 그런 책이 실제로 있는지는 중요하지 않다. 세상의 모든 책이 그럴 수도 있고 반대로 그런 책은 없을 수도 있다. 사실 이 법도에서 중요한 것은 그 책 자체가 아니기 때문이다. 절대로 펴보지 말아야 할 책을 갖는 일, 그것은 오히려 하나의 윤리다. 책의 유혹을 단호히 거절하고, 책에 대한 신뢰를 거두기. 이 법도는 그로써 인간의 지식에 일말의 여지를 남겨주는 윤리다. 왜냐하면 그것은 세계가 저 방대한 정보보다는 적어도 한 줌만큼은 크다는, 그리고 인간이 책에 등장하는 저 천차만별의 군상보다는 한 뼘 정도 깊이 있다는 겸양과 공손의 표지이기 때문이다.

그런 의미에서 절대로 펴보지 말아야 할 책은 세계의 초월성을 상징한다. 초월이란 것이 인간 세상 저 너머의 알 수 없는 무엇이라면 그것은 인간이란 무엇인가를 묻기 위해서도 반드시 요청되어야 할 지극히 인간적인 상상이기도 하다. 그런 의미에서 세계의 초월성은 인간 윤리의 근원이다. 그것 없이 자신과 타자에 대한 물음은 불가능하기 때문이다. 그러나 이제 펴볼 책이 남아 있지 않을 때 세상은 권태롭기 그지 없는 영원의 사막이거나 아비규환의 세계가 되고 만다. 세계를 끝끝내 알고야 말겠다는, 세계를 기어이 지식에 복속시키고 말겠다는 보편을 향한 그런 인간의 의지가 허무와 폭력으로 인간을 이끌기 때문이다. 모든 것을 알아버린(알 수 있는) 세계에서 지식은 생기 없는 동질화로 자연과 타자의 실존 자체를 말살할 것이기에 그렇다. 세계가 지금 여기와 질적으로 다른 초월의 지위를 일말이라도 가져야만 하는 까닭이다. 그런데 20세기는 결정적으로 초월을 상실한 세계를 만들어냈다.

소련의 붕괴와 목성에 혜성의 파편이 충돌한 사건 등 이런 '거대한' 사건들은 "보통 생활자의 직접적 생활 감각이 지배 범위에 들어오는 상황은 아니다. (…) 그런데도 그것들을 보통 생활자가 진지하게 생각하는 것은 과하다고 말해버릴 수 없는 세기다. 그것이 20세기다."(14, 화두 1, 7~8쪽)[1] 최인훈에게도 세계는 그렇게 초월성을 상실했다. 아니 세계의 초월성을 끊임없이 일상 속으로 매몰시키는 것이 그에게는 20세기였다. 물론 보통 사람이 세상의 삼라만상을 다 알 수 있다는 이야기가 아니다. 보통 사람을 포함한 인간의 지식이 세계를, 그 역사까지를 포함하여 전부 알 수 있고 알아야 한다는 지식에 대한 의지가 중요하다. 물론 축복이다. 세계는 점점 평등해져 도처에서 누구나 소련의 붕괴나 태양계의 대소사를 거리낌 없이 논할 수 있기에 그렇다. 그렇지만 불행의 출발이었다. 일상과 상관없는 쓸데없는 근심과 오지랖이 늘어났기 때문만은 아니다. 펼쳐보지 말아야 할 책을 그 누구도 가질 수 없기 때문이다. 이제 인간은 세계라는, 자연이라는, 타자라는 절대적 이질성에 대한 공포스럽고도 을씨년스러운 거리를 상실한다. 최인훈에게 20세기란 그런 시대였고, 그는 충실한 20세기인이었다.

최인훈과 내전

아버지의 책장, 시장 가판대 위의 일본 책, 그리고 W시의 도서관에서 그는 "그들의 도시와는 다른 도시로 가는 비밀의 통로"(앞의 책, 58쪽)에 탐닉한다. 그리하여 그에게 책은 인류를 만드는 세계 자체가 된다. "아기집에도 '어머니'라는 서고가 연결되어 있어서 거기서 아기는 DNA라는 책을 빌려다가 열 달 동안의 독서 계획에 따라 읽으면서 자기를 조립해나간다. 그런데 책 읽기에 재미를 붙인 '인류'는 이 독서만으로는 부족하여 어머니의 아기집을 떠나서도, 겉모습만은 어엿한 어른이 되고서도 '의붓 아기집'인 책을 만들어 읽게 되었고 낱 책권만으로는 모자라기 때문에 도서관이라는 큰 책을 만들게 되었고 그래서 도서관은 아기집이다."(앞의 책, 62쪽) 그리하여 세계는 책이 되고 인생은 읽기가 된다. 최인훈은 그렇게 세계-책 속에서 삶의 출발선에 섰다. 하지만 20세기의 세계-책은 그렇게 천진난만한 읽기를 허용하는 동화가 아니었다.

"내가 철부지 소년으로 산 1945년에서 1950년까지 남과 북에서 벌어진 일의 깊은 뜻을 나는 남에 와서 10년 동안에 비로소 어렴풋이 알 수 있었다. 그 시간에 일어난 일은 사실은 그 이전 적어도 이 세기의 처음에서 그때 1945년까지 사이에 일어난 일의 계속이었다."(앞의 책, 124쪽) 성장은 독해 능력을 키운다. 그저 다른 도시들로 나 있는 통로를 뛰어다니던 소년은 세계라는 책이 결코 자유로운 독해를 허하는 것이 아님을 점점 깨닫는다. '나'가 되는 일은 DNA의 자유로운 독해가 아니라 변경할 수 없는 결정에 따른 것임을 소년은 알아차린다. 다시 말해 세계-책은 이 도시 저 도시를 가로질러 뛰어다니는 놀이 공간이라기보다는 그 도시에서 이웃들과 고단한 삶을 영위하라는 절대적 명령이었던 것이다. 모든 것은 세계-책에 쓰여 있고 결정되어 있다. 몰랐다는 말은 변명도 되지 않는다. 다른 선택은 없다. 도시와 도시를 이어주기는커녕 도시와 도시 사이에 넘을 수 없는 장벽을 고지하는 일, 20세기의 세계-책은 그렇게 청년 최인훈에게는 운명으로 탈바꿈한다. 그리하여 그는 자신을 포함한 반도 주민의 운명이 노예 됨이라는 사실을 누구보다도 처절하게 인지한다. 누구보다도 충실한 독자였기에.

　세계의 초월성은 없다. 모든 것이 프로그래밍된 세계에서 초월성, 즉 아무것도 결정되지 않고 알 수 없고 수상하고 공포스러운 것은 있어서는 안 된다. 만약 그런 것이 존재한다면 모종의 절차를 거쳐 프로그램으로 환수하거나 아예 말살해야 한다. 그것이 20세기의 세계-책이다. W시 소학교의 지도원 선생은 소년 최인훈에게 이를 각인해준 평생의 은사다. 『서유기』의 독고준이 이순신, 논개, 학자/죄수, 이광수를 거쳐 마지막으로 만난 바로 그 선생님. 그로부터 30년 가까이 지난 『화두』에서도 심문은 여전히 반복된다.

독고준: 저는 선생님의 생도이지 죄수가 아니었습니다.

지도원: 누가 죄수라고 했습니까?

독고준: 선생님은 저를 적으로 생각했습니다.

(⋯)

독고준: 저는 피교육자의 권리를 주장합니다.

지도원: 피교육자의 권리란 무엇인가?

독고준: 피교육자는 적으로 취급되어서는 안 된다는 권리입니다.

지도원: 아무 일을 해도 내버려두라는 것인가?

독고준: 아닙니다. 비록 과오가 있더라도 그것은 이데올로기적으로 해석해서는 안 된다는 말입니다.

지도원: 왜 그런가?

독고준: 아동은 미완성품이기 때문입니다.

지도원: 무슨 말인가? 그러니까 형무소에 보내지 않고, 자기 비판회에서 비판을 시키는 것이 아닌가?

독고준: 그것은 나에게 형무소였습니다.

지도원: 그것이란 뭔가?

독고준: 학교 말입니다.

지도원: 학교가 왜 형무소였는가!

독고준: 학교란 인간이 되는 곳입니다.

지도원: 공화국의 시민이 되는 곳이다.

독고준: 인간이 된다는 것은 아동이 살고 있는 사회의 약속을 배워 나간다는 말입니다. 그러므로 아동은 그 사회의 약속을 모른다는 것을 전제하여야 하며, 약속을 모르는 자가 저지른 실수는 비판이

아니라 숙달통보를 반복함으로써 시정되어야 할 것입니다. 그런데 선생님은 마치 약속을 잘 아는 사람이 일부러 어긴 것처럼 공박하고, 인민의 적이며 부르주아라고 협박하였습니다. 당신은 공화국의 벗을 만들어내는 것이 임무였음에도 공화국의 적을 만들어냈습니다. 그것도, 있지도 않은 적을 말입니다.

지도원: 벗이 아니면 적일 것이 아닌가?

독고준: 당신은 제 말을 알아듣지 못하고 계십니다. 벗도 적도 아닐 수 있습니다.

지도원: 그런 것은 어떤 것인가?(15, 화두 2, 149~150쪽)

발단은 하나의 벽보였다. "전학 수속하러 왔을 때 운동장에 널려 있던 바윗덩어리가 어수선해 보였다는 대목이 문제였다."(14, 화두 1, 41쪽) 지도원 선생은 바윗덩어리를 치우려고 전교생이 얼마나 고생했는지, 제국주의자들이 쫓겨난 뒤 폐허가 된 학교를 스스로의 힘으로 재건하는 전교생의 노력이 얼마나 자랑스러운지 상기하게 하며, 그것이 어수선해 보인다고 흠을 잡는 것은 "온 인민이 참가하는 이 거대한 역사적 위업에 대해 자각하지 못하고 자랑스러움이 없는 사상적 태만에서 나온 반동적 생활 작풍"(앞의 책, 42쪽)이라며 소년을 심야의 심문대에 세웠다. 이 심문은 최인훈을 평생 괴롭혀온 기억이다. 아니 기억이라기보다는 이 심문은 그의 삶 자체였다. 세계-책을 잘못 읽었다는 힐난과 비판과 심문, 그의 삶은 끝나지 않는 심문 속에서의 대답이었던 셈이다. "나는 생애를 통하여 W시의 그날과 그 밤의 교실에 시도 때도 없이 끊임없이 소환되어 그 장면을 계속해야 하는 최종심

없는 법정의 증인이자 피고처럼 살아왔다."(15, 화두 2, 394쪽)

그런 한에서 최인훈은 내전을 체화한 인물이다. 그가 한국전쟁을 살았고 고민했고 분석했고 썼다는 의미에서만은 아니다. 오히려 최인훈이 체화한 내전은 훨씬 넓고 깊은 근대의 심연이다. 그것은 궁극에 "너는 누구냐"란 물음으로 귀결되는 세계-책의 심문이다. 그 안에는 적과 벗만이 있어 벗은 살리고 적은 죽인다. 세계-책에는 '회색인'의 '회색 의자' 따위는 어디에도 없는 것이다. 그래서 적이 죽어야 할 이유는 세계-책의 운명을 거슬렀기 때문이라기보다는 무지했다는 사실에 있다. "만일 검찰관과 재판관이 피고와 공유하는 대의에 대하여 충성하기만 하다면 피고인 자신은 언제나 많든 적든 유죄다. 검찰관과 재판관의 대의에 대하여 지닌 충성이 엄청난 것이라면 그 정도만큼 피고는 엄청난 태만분자며 반역자며, 결과적으로 적을 위한 스파이다. 아니 나는 스파이인 줄조차 몰랐다. 몰랐기 때문에 내 죄가 가벼워지는 것이 아니라 되레 그 몰랐다는 일이 내 죄의 증거다. 나는 자신에게조차 내 죄를 숨겼던 것이다. 나는 내 속에 있는 이 적을 숨겨주고 있었던 것이다."(앞의 책, 124~125쪽) 태만과 반역이 아니라 무지가 죄인 세계, 20세기의 내전은 그렇게 세계의 초월성을 파괴하고 모든 것을 알아야만 하는 보편의 제국 속에서 벌어진다.

내전, 냉전, 식민주의

20세기는 탁월한 내전 이론가를 배출했다. 1장과 2장에서 논했듯 바로 슈미트다. 여기서는 식민주의와 연관하여 그의 내전론을 다시 음미해보자. 그에게 보편의 완성은 세상의 종말이었다. 보편이 술어를 뜻한다고 할 때 보편의 완성은 모든 개별자가 귀속되는 집합이 존재함을 의미한다. 즉 개별자는 모두 주어의 자리에 배치되어 보편-술어라는 무한의 집합 속 한 항項이 되는 것이다. 이들에게 그것은 끔찍한 사태였다. 애초에 근대라는 것이 각 개별자가 속한 전통 사회의 고유한 맥락과 특성을 지워버리는 운동이지만 그 덕분에 개별자는 그들에게 정체성을 부여한 관습적 집합으로부터 벗어날 자유를 획득한다. 즉 주어와 술어 사이의 회색 지대 속에 개별자는 거처를 마련할 수 있었던 것이다. 하이데거가 주어와 술어를 이어주는 'sein=be'에 주목한 것도 그 때문이다. 'A is B'란 존재의 언어에서 전통적 존재론은 A와 B만을 주인공으로 삼아 서사를 만들어왔다. 그런데 정작 'sein'은 한 번도 물음의 대상인 적 없이 눈앞에 항상 있으면서도 서사에 등장하지 않았다. 그야말로 'sein 망각'이었던 셈이다.

그리하여 하이데거의 천재는 인간 실존을 '거기-있음Da-sein'이란 형태로 A나 B로 환원되지 않는 회색 지대 속에 자리매김하여 물음을 전개한다. 물론 완전히 새로운 획기적 이야기는 아니었다. 중세 존재론자들이 유사한 물음을 신학의 주변에서 조직한 바 있기 때문이다. 그러나 하이데거의 독창성은 신이 아니라 자신의 시대와 마주하며 물음을 제기한 데 있다. 20세기에 접어든 세계는 A의 고유한 맥락과 특성을 지워버리고 모든 인간을 '속인Das Man'이라는 예외 없는 B 속으로 귀속시켰다. 하이데거는 A의 고유성을 되찾겠다는 순진한 복고가 아니라 A를 B로 귀속시키는 과정에서 필연적으로 요청되는 'sein'에 대한 물음으로 이에 맞섰다. 인간이 완성된 보편 속에서 자기 자리를 찾는 대신 스스로를 그 집합 속으로 귀속시키는 근원적 장치에 대한 비판을 기획하고자 했던 셈이다(그 기획의 귀추는 여전히 20세기 지성사의 난제로 남았음을 확인해둔다).

하이데거와 논리/담론의 조직 방식은 판이하게 다르지만 슈미트도 하이데거와 유사한 물음을 공유한다. 하이데거가 'sein'에 물음을 던졌다면 그는 다른 방식으로 20세기의 보편주의에 맞서 내전 이론을 탐구했기 때문이다. 슈미트는 제1차 세계대전 말기부터 앵글로색슨의 자유주의가 설파하는 보편주의가 '전 지구적 내전'을 초래하는 것으로 비판했다.[2] '정치적인 것'이란 '적과 동지'의 구분이라는 유명한 정식화는 보편주의에 맞서 주권국가 체제를 지키려는 기획으로 제시된 것이었다. 그는 17세기에 성립한 유럽의 주권국가 체제가 온 유럽을 피로 물들인 종교 내전을 끝내고 전쟁을 문명화한 지혜로운 발명품이라 평가한다. 신교와 구교 사이의 종교 내전이 문제적이었던 까닭은 상대방이 말살될 때까지 전쟁을 지속한다는 점 때문이었다. 주권국가 체제는 그렇게 끝이 없는 영구 전쟁을 주권국가 사이의 전쟁으로 한정한 획기적 고안물이었다. 이제 전쟁은 영토 내 배타적 통치권을 독점한 주권국가들의 전유물이 되었고, 그들은 시작과 끝이 있는 게임의 룰을 공유했다. 선전 포고로 시작하여 항복 선언으로 끝나는 전쟁은 이후 민법에 준하여 패전국의 배상 규모를 협상하는 신사의 게임이 된 것이다.

과연 문명의 발명품이자 획기적 고안물이었다. 교전하는 적은 그저 이익을 달리하는 일시적 적일 뿐 서로의 가치관이나 신념이 다르다는 이유로 지구상에서 말살될 이유가 없는 존재가 되었다. 주권국가는 그렇게 전쟁을 '다른 수단을 통한 정치의 지속'으로 만들었으며,

외교 협상으로 도저히 해결될 수 없는 사태에 직면했을 때만 발생하는 극한의 수단으로 자리매김했다. 그러나 슈미트가 보기에 제1차세계대전 이후 세계는 문명으로부터 후퇴하여 다시 야만의 시대로 복귀한다. 독일 황제를 전쟁 범죄자로 소추하려는 움직임에서 시작하여 전쟁을 불법화하려는 국제연맹의 시도가 결정적 계기였다. 전쟁이 서로의 이익이 충돌할 때 벌일 수 있는 주권국가 고유의 권한인 한에서 그것을 규제할 수 있는 상위의 규범 체계는 존재하지 않는다. 실제 전투 과정에서 따라야 하는 교전 규칙만이 있을 뿐이다. 그러나 제1차 세계대전 직후 연합국은 독일 황제를 전범으로 기소하려 했다. 전쟁을 계획하고 실행했다는 이유로 말이다. 이것은 주권의 발동을 제한할 수 있는 상위 규범을 상정하지 않고는 불가능했다. 주권, 즉 가장 높은 권한을 규제하는 상위 규범이라는 모순적 발상에서 비롯된 일이었던 셈이다. 전쟁의 불법화 또한 마찬가지다. 이 또한 주권의 궁극적 권한인 전쟁을 규제하는 상위 규범을 상정하지 않고서는 불가능했기 때문이다. 슈미트에게 세계는 그렇게 다시 한번 야만의 길로 접어들었던 것이다.

그런데 주권국가 이전의 야만이 종교에서 비롯되었다면, 이후의 야만은 인류라는 관념에서 비롯된 것이었다. 실패로 끝나기는 했지만 독일 황제를 전쟁 범죄자로 기소하려던 연합국의 법적 근거는 '인류에 대한 범죄 crime against humanity'였다. 즉 주권의 행사가 인류의 이름으로 범죄화, 즉 불법 행위로 고발 당한 것이다. 또한 1928년 체결된 이른바 '파리 전쟁 금지 조약'은 침략 전쟁을 불법화하는 것이었다. 이 또한 배경에는 국가의 주권을 규제하는 '인류 평화'라는 규범의식이 있었다. 국제연맹으로 제도화되는 이 인류라는 이름의 보편주의에서 슈미트는 야만을 읽어낸다. 칸트의 영구평화론이 글로벌한 차원에서 제도화된 새로운 계몽의 시대에서 말이다. 얼핏 보면 수구적으로 보이는 슈미트의 입장은 그러나 매우 날카로운 비판의 칼을 품은 것이었다. 그는 이제 지구상의 전쟁이 모두 인류라는 이름을 등에 업고 벌어질 것을 우려했다. 그럴 경우 인류라는 이름이 개별 국가의 이익을 치장하는 하나의 명분에 지나지 않을 뿐 아니라 더 고약하게는 인류의 이름으로 전개되는 전쟁이기에 그 적은 모두 '비인간'의 낙인을 피할 수 없게 된다. 이제 적은 키케로 시대부터 인류의 범위 바깥의 존재로 간주된 '해적'과 동일한 위상을 갖는다. 해적과 인간 사이에는 지켜야 할 약속도 공동의 삶도 없었음을 감안할 때 20세기 보편주의가 마주하는 적은 철저하게 바깥으로 내몰려 말살되어야 할 존재가 된다. 전쟁은 인류의 이름으로 다시 저 피비린내 나는 종교 내전으로 회귀하고 만다. 지구상의 모든 사람이 인류라는 집합 속에 남김없이 포함되는 것이 보편주의라면, '비인간'인 적은 지구상에서 거처를 상실하고 사라져야 할 '절대적 적'이 되어버리는 것이다.

20세기 보편주의는 이렇게 인류와 비인간 사이에서 벌어지는 내전을 전제하며, 실제 역사에서는 한편에서 식민주의로, 다른 한편에서 이데올로기 대립의 양상으로 전개된 바 있다. 전자의 경우 비인간은 피식민자였다. 식민주의를 뿌리에서 지탱하는 문명-야만의 위계적 세계 질서에서 제국주의자들은 언제나 야만의 땅을 개화하는 임무를 자임했다. 식민 지배가 폭압적이든 온건하든 식민자들의 소명은 지구상에 잔존하는 야만을 박멸하여 문명을 전 지구에 꽃피우는 일이었기 때문이다. 이를 위해 피식민자들은 인간으로 개조되거나 비인간으로 말살되어야 할 존재들이었다. 그런 한에서 인간 이하의, 언제든 말살될 운명 아래에 있는 실존들이었다. 1950~1960년대 아시아와 아프리카에서 일어난 민족해방의 흐름은 이런 식민주의의 내전을 일단 끝냈다. 다른 한편에서 이데올로기 대립의 경우 비인간은 자신과 다른 '주의'를 가진 이들이었다. 서방 세계에서는 소련을 위시한 공산주의 사회의 주민들이, 사회주의 국가에서는 자본주의의 부르주아지가 비인간이었던 셈이다. 이들은 역사라는 무대 위에서 한쪽이 소멸할 때까지 내전 상태를 지속한다. 이것이 1945년 이후 글로벌 정치를 지배한 냉전 질서였으며, 1991년 소련의 붕괴로 이 내전은 공식적으로 막을 내렸다.

하지만 그럼에도 내전은 여전히 현재진행형이다. 식민 지배와 냉전이 표면적으로 종언을 고했음에도 말이다. 그것은 현상 차원에서는 테러와의 전쟁이라는 형태로 전개된다. 이 내전은 식민주의와 냉전의 유산을 중층적으로 계승한 것이다. 낡은 종교원리주의와 철 지난 혁명 세력이라는 이슬람과 북한에 대한 표상을 상기하는 것으로 충분하다. 하지만 슈미트가 식민주의와 냉전으로 전개될 내전 속에서 포착한 근원적 사태가 중요하다. 그것은 내전이 궁극에서 '너는 누구냐'는 심문으로 귀결된다는 사실이다. 식민주의, 냉전, 테러와의 전쟁은 주권국가 사이에서 벌어지는 전쟁과 전혀 다른 양상으로 치러진다. 후자에서는 교전 수칙에 따른 전투가 패러다임이 된다면(물론 잠수함, 폭격기, 원자폭탄 등이 가공할 기술로 교전 수칙 자체를 무화했음은 중대한 문제이지만 여기서는 논의하지 않기로 한다), 전자에서는 일상 공간에 침투한

적의 색출과 이를 위한 정보전이 주된 패러다임이 된다. 그런 의미에서 20세기의 내전은 예외 상황이 아니라 매우 정상적인 일상 공간에서 벌어지는 전쟁이다. 그곳에서 인류는 언제나 스스로의 내부를 향해 심문의 법정을 열어야 한다. '너는 누구냐'라는 물음이 일상을 가능하게 하는 존립 근거가 되는 것이 20세기의 내전인 셈이다.

이런 맥락에서 제2차 세계대전 이후 보편주의의 석권을 인정하며 '정치적인 것'의 소멸을 받아들인 슈미트는 1963년에 이르러 '정치적인 것'의 새로운 가능성을 발견한다. 제1차 세계대전 직후에는 주권국가를 주체로 삼아 보편주의에 대항하여 적과 동지의 구분으로 정치적인 것을 정식화했다면, 1963년 시점에서는 도처에서 민간인의 복장으로 지배자들의 등에 칼을 꽂는 파르티잔이 정치적인 것의 범례가 된 것이다. 자신의 땅을 지키려는 파르티잔들은 인류 보편의 규범이 아니라 선조의 전통을 침략자들로부터 수호하는 자들이다. 그들은 신출귀몰한다. 나폴레옹에 대항한 스페인의 파르티잔부터 마오쩌둥, 호찌민, 게바라의 게릴라들까지 인류의 군대는 어디서 나타나 마을을 탈취할지 모르는 이 적들에 대처하기 위해 색출과 심문을 반복해야 한다. 남녀노소를 가리지 않고 '너는 누구냐'라고 물어야만 하고, 대답할 수 없다면, 즉 무지하다면 적으로 간주 당해 말살되어야 할 존재가 된다. 슈미트의 전 지구적 내전은 이렇게 온 세상을 심문으로 뒤덮는다. 그리고 이 내전이야말로 지도원 선생을 통해 최인훈의 머리에 평생 똬리를 튼 운명이었다.

난민과 총독의 소리

어떤 이들은 최인훈의 작품 속에서 제3의 길 혹은 아시아라는 계기를 읽는다. 최인훈은 식민 지배에서 냉전 질서까지 반도의 주민들이 처한 노예 상태에서 벗어나는 길을 모색했고, 1960~1970년대의 국제 정치라는 맥락 속에서 비동맹 평화주의나 반둥회의의 가능성을 타진했다는 것이다. 하지만 이명준도 독고준도 남/북이 아닌 제3의 길이나 냉전 질서에 균열을 내는 아시아라는 계기 이전에 무엇보다도 심문 속의 인물들이었다. 그리하여 이명준도 독고준도 끝끝내 자신이 누구인지를 대답하지 못한 '비인간'들이었다. 비인간에게 자리를 허용하지 않는 내전 속에서 이명준은 바다에 몸을 내던졌고(그의 시체는 아직도 발견된 바 없으며 어쩌면 해적이 되었을 수도 있다), 독고준은 식민 지배의 원풍경을 여행한 끝에 여전히 심문 받고 있다. 그런가 하면 구보 씨는 "싸울 힘도 없고, 싸울 내색도 보이지 않는 문학자" 중 한 사람으로 "적극적, 소극적으로 저항하는 사람들은 아니지만 점령자들에게 적극적으로 협력하는 사람들도 아니"며, 그저 "눌린 사람들, 저항할 힘조차 빼앗긴 사람들"을 표상한다. 최인훈이 "그 상황에서 나도 그쯤 한 삶을 보냈을 것 같은 생각"을 하게 만드는 "동업자"였던 것이다.(15, 화두 2, 55쪽) 그런 의미에서 이명준도 독고준도 구보 씨도 인류라는 집합에 속할 수 없는 자들이다. 바다에 몸을 던져 목숨을 잃거나 해적이 되거나, 인류로부터 심문을 받고 있거나, 아니면 인류에 속하지 않은/못한 채 가까스로 일상을 보내거나 하는 존재들이기에 그렇다. 이들은 자신이 누구인지 모른다. 아니 정확하게는 인류가 강요하는 '너는 누구냐'는 심문에 합당한 대답을 찾지 못한다. 그래서 최인훈의 작품을 관통하는 모티프는 어떤 새로운 질서를 모색하는 일이라기보다는 20세기의 내전 속에서 응답 가능성을 박탈 당한 심문이라 할 수 있다.

> '나는 그런 사람이 아니오.' 사람은 늘 그렇게 말하면서 산다. 사람은 짐승으로 태어나 끝도 한도 없는 '사람'으로 다시 자기를 만들어가면서 사는 것이었다. 그러면서 수풀 속을 지나가는 짐승처럼 태연하고 '자기'일 수 있는 상태를 소설에서 만드는 일이 나에게는 어려웠다. 종교와 철학과 민족과 계급이 모두 그런 보장이 될 수 없는 '나'라는 것을 소설의 '서술자'라는 가공의 입장에서도 유지하기 어려웠다.(14, 화두 1, 153쪽)

'나는 그런 사람이 아니오.'는 "저항할 힘조차 빼앗긴 사람들"이 심문에서 가까스로 할 수 있는 대답일 것이다. 그러나 가까스로 이렇게 답하는 사람은 결코 인간이 될 수 없다. 한정 부정이기는 하지만 스스로가 '사람이 아니'라고 시인하기에 그렇다. 최인훈이 말했듯 사람이란 자신의 짐승을 어떻게든 통제하며 인간이 되어가는 존재다. 하지만 "나는 그런 사람이 아니"라고 대답할 수밖에 없는 사람은 짐승에서 사람으로 순조롭게 이행하는 존재가 될 수 없다. '그런' 사람은 아니기에 (다른 사람일 수도 있다는 의미에서) '짐승도 아니지만' 그렇다고 정말 '사람인지는' 모를, 그야말로 인류라는 집합 속에 자리는 차지하지 못하지만 그 집합에 붙들린 존재이기에 그렇다. 그래서 최인훈의 소설을 통해 식민 지배와 냉전 질서를 벗어날 어떤 가능성을 가늠하는 것은 그야말로 '인류'적 사고방식이다. 집합에 속하지도 벗어날 수도 없는 이의 말이기에 최인훈의 말을 빌리자면 그런 생각은 "아귀는 맞지 않은 채로 맞아 있었고 옹이는 박힌 채로 뽑혀 있었고 매듭은 맺힌 채로 풀려"(15, 화두 2, 65쪽) 있는 형국이라고 할 만하다. 최인훈의 소설을 지탱하는 식민 지배와 냉전 질서 아래의 노예 상태란 종국에 해방될 상태가 아니다. 그 노예는 자신이 노예임을 자각하는 일 밖에는 할 수 없지만 그 자각, 즉 '너는 누구냐'에 '나는 노예'라고 답하는 일이 애초에 불가능한 것이 내전의 심문임이 문제였던 것이다. 내 안의 짐승을 통제하고 사람이 되는 과정을 '종교와 철학과 민족과 계급'이 '보장'해주기는커녕 거꾸로 그 의장들이 짐승과 사람 사이에서 내가 누군지에 대한 대답을 박탈하는 상황이 심문으로 이뤄진 내전이었다. 그 안에서 소설이란 "내가 가지고 있지 않은 '자아'를 내놓으라"며 "옷을 벗었는데도 맨몸인 나를 보고 진짜 몸을 감추고 있는"(앞의 책, 84쪽) 듯 심문 받는 자의 초조함과 답답함의 토로일 수밖에 없었다. 그런 집합의 안과 바깥 어디에도 속하지 않은 상태를 소설가는 '난민'의 상태라 말한다.

> 남쪽의 권력과의 관계에서 본다면 나는 피난 온 다음의 우리 가족과 나의 생활을 '난민수용소'의 생활처럼 느꼈다. 그것은 '정상'의 생활이 아니었다. '수용소' 밖 토박이들의 이 고장 생활도 더 큰, 그만한 규모의 '난민촌' 생활로 보였다. 되는 일도 없고 안 되는 일도 없는 생활을 '정상'이라고 불러서는 결코 안 된다. (…) '우리의 난민촌' 밖에 있는 더 큰 난민촌인 한국이라는 '나라 난민촌'이 우리가

처음 글을 익히면서 학교에서 배운 '진실'이 실천되고 있는 것으로는 보이지 않았고 그 까닭이 어디 있는지도 차츰 알게 되었다. 그렇다고 우리가 추방된 곳, 우리를 추방한 사람들이 다스리는 북한이, 남한에 와서 어른이 된 머리로 따져봐서 그 '진실'이 실천되고 있는 곳으로도 보이지 않았다. 그렇다고 우리 가족에 대한 '추방'이라는 일만 해도 나는 그것이 모두 옳다든가, 모두 그르다고 한쪽으로 결판을 내기가 어려웠다.(14, 화두 1, 124~125쪽)

정상과 진실이 모두 허공에 매달린 상태 속에서 추방된 난민들의 삶은 영위된다. 그렇다고 반도 주민의 삶이 모두 비정상적이고 허위로 점철되었다는 것은 아니다. 몇 번이고 되풀이하지만 정상과 비정상, 진실과 허위의 경계가 없다는 사실이 중요하다. "되는 일도 없고 안 되는 일도 없는 생활"이나 "모두 옳다든가, 모두 그르다고 한쪽으로 결판을 내기가 어려운" 상태, 그렇게 삶은 정상과 진실이 결정되기 어려운 상태로 정상과 진실에 묶여 있다. 이것은 정상과 진실이 일방적으로 강요되는 상태가 아니다. 정상과 진실은 결코 스스로를 강요하는 일이 없다. 반도 주민들은 정상과 진실이 무엇인지 모른 채 정상과 진실 속에 묶여 있을 뿐이다. 그래서 강요된 것은 무지다. 이렇듯 모든 것을 알아야만 하지만 아무것도 알 수 없는 난민, 즉 피심문자의 귀에는 그러나 '총독의 소리'가 어디선지 모르게 들려온다.

『총독의 소리』는 1967년에서 1976년 사이에 집필된 연작 소설이다. 네 작품 중 두 작품은 1967년에, 나머지 두 작품은 각각 1968년과 1976년에 발표되었다. 여기서 각 작품의 세세한 내용을 검토하는 일은 접어두자. 또한 발표된 시기의 국내/국제 정치적 배경을 가늠하여 맥락화하는 일도 멈추자. 여기서는 오로지 이 연작이 모두 내전의 지속에 집중한다는 사실에만 초점을 맞춰본다. 작품은 널리 알려진 바와 같이 가상의 해적 방송을 통해 식민 지배와 냉전 질서의 연속성을 설파한다. 그러나 최인훈 특유의 역사와 정치 지식을 맘껏 뿜낸 이 작품은 사실 식민 지배와 냉전 질서 따위의 의장을 걷어내는 목적으로 쓰인 것이다. "어느 체제든 합리성을 극대화하면 같아진다."(7, 총독의 소리, 155쪽)라든가 "냉전이란 (…) 이데올로기 싸움"이 아니라 "재물을 다툴 뿐"(앞의 책, 130쪽)이라든가 하는 서술에서 알 수 있듯 식민 지배와 냉전 질서란 관념은 "간단한 것을 가지고 복잡한 것을 설명해야" 하는 논리학의 기본 원칙을 거스르며 하나의 사태를 복잡하게 만든 것에 지나지 않는다. 그렇다면 동일한 사태, 즉 논리의 근본이 되는 그 간단한 것이란 무엇인가? 바로 "정치는 다른 수단을 가지고 하는 전쟁의 연장"(앞의 책, 124쪽)이라는 사태/테제다.

정치로 지속되는 전쟁이란 다름 아닌 내전일 터다. 반도가 제국의 꿈이며 사랑이며 비밀이라고, 민주주의든 공산주의든 데탕트든 모두 전쟁의 연장이라고 방정맞게 떠들어대는 총독은 뜻하지 않게 피심문자로 하여금 네가 어디에 있는지 알려준다. 그곳은 전장이 아니다. 총독은 단순히 전쟁이 지금도 계속되고 있음을 말해주는 것이 아니기 때문이다. 오히려 총독은 전쟁의 지속을 위해서는 그것이 다른 수단을 통해 부단히 정치로 전환되어야 함을 역설한다. 그러므로 내전이란 부단한 다른 수단의 작동이라 할 수 있다. 육체가 피를 흘리며 목숨을 잃는 전쟁을 일상의 정치로 바꾸는 다른 수단이란 무엇인가? 최인훈은 이에 대해 명확히 답하지는 않았다. 다만 그가 남긴 파편들을 모아서 재조립할 수는 있다. 수다스러운 총독의 입에서 미끄러져 나온 저 테제가 뜻하지 않게 내전의 비밀을 지시한다는 사실을 말이다.

천황제와 한반도

1991년 소련은 붕괴했다. 사실 최인훈을 심문한 것은 소련이라는 보편을 등에 업은 지도원 선생이었다. 물론 방점은 소련이 아니라 보편에 찍어야 하겠지만 지상 위에 실현된 보편이 붕괴된 것은 심문을 종결할 만한 사건임이 틀림없었다. 그렇지만 붕괴가 곧장 심문의 종결을 의미하지는 않았다. 최인훈의 행보는 매우 조심스러운 것이었다.

교원대학 출신의 선생님은 그 모든 견문에 대해 다 알고 싶어 하실 것이다. 어떤 장소에 가보지 못한 사람들의 호기심을 채워준다는 일은 얼마나 고된 일인 법인가. 그리고 어쩌면 가본 당자인 나에게 책에서만 읽은 지식을 가지고 이것저것 고쳐주려고도 하실지도 모른다. 그것이 선생님들 계층의 계급의식이니까. 즉 어떤 생도보다 선생님은 영원히 '지도적 지위'가 영원의 법에 의해 헌법에 적혀 있다고 생각하는 분들이니까. (…) 그렇다. 모스끄바를 보는 것도, 레닌그라드를 보는 것도, 네바강을 보는 것도 모두 선생님에게 보고 드리는 기쁨을 위해서만 실천했노라고, 달이 밝은 것은 오직 임의 얼굴을 밝히는 것이기에 좋았노라고, 그런 태도를 견결히 지키면서 관광했노라고 아첨꾼처럼 그렇게 말씀드리지 않더라도 그런 태도가 자연히 전달되도록 조심해야겠다. 그러니까 이 여행이 끝나고 나서 첫 만남이 제일 주의해야 할 만남이다. 피차에 홍분하기 꼭 쉽게 되어 있으니 말이다.(15, 화두 2, 400쪽)

심문자 선생님이 책으로만 접한 소련에 피심문자 생도가 방문한다. 피심문자는 들뜬 마음을 애써 감추려 하지는 않는다. 하지만 동시에 본 것이 읽은 것보다 낫다는 안일한 승리감에 젖는 일에는 조심스럽다. 헌법은 소련 자체라기보다는 소련이 체현하던 보편에 있기 때문에 보는 일을 통해 그 보편의 본모습을 추출해야 하는 과정이 남았기 때문이다. 그런데 막상 소련의 이곳저곳을 직접 보자 피심문자는 허무한 기분에 사로잡힌다. "쏘비에뜨사회주의공화국연방, USSR은 어딘가 다른 곳에, 이를테면 이런 물질적 기반과는 상관없이 '형이상학적'으로 엄연히 존재하는 듯한 환상을 믿어왔다는 말일까. 환상이 왜 그토록 오래갈 수 있었을까. 이 나라 사람들에게나 외국 사람들에게나, 심지어 이 나라의 방금 이전 체제의 적들에게조차 엄연히 실재한 그 환상은 왜 가능했을까?"(앞의 책, 428쪽) 이제 러시아라 불리는 이 나라의 실제 모습은 누군가를 심문할 보편의 현실태가 결코 아니었다. 그 모든 것은 환상이었을까? 그런 기분으로 잠든 피심문자는 "어수선한 베개맡의 꿈"(앞의 책, 501쪽)을 꾼다. 그 꿈에서 작가는 모스크바 거리에서 소련의 비밀경찰에게 끌려가 심문을 받는다. 왜 모스크바에 왔냐, 남한에서 왔다고?, 농담하지 말아라, 경고한다, 너는 불법 월경했다, 목적이 무엇인가, 거리의 아이들에게 공작금을 건넸냐? 등의 질문이 이어지다가 심문은 어느새 자기 고백으로 이어진다.

나는 30년 동안 이 일을 하고 있다. 고등학교를 졸업하자 정보원으로 발탁된 후 나는 줄곧 이 분야에서 일해왔다. (…) 철든 다음 내 세계는 여기밖에 없다. (…) 나는 이 분야밖에 모른다. 이 분야가 나다. 내 인생이 이 분야다. 지하실에서 몇 걸음 만에 사형 피선고자의 뒤통수에 권총탄을 발사하는 일, 굉장히 더러운 일인 것 같소? 아니오, 그런 감각은 없소. 주민등록증 발급 업무를 맡은 동인민위원회 직원의 업무 감각과 아무 다를 바 없소. (…) 하늘에는 태양이 있고 끄렘린에는 스탈린 동지가 계시고 지하실에는 내가 있고, 지하실 계단을 내려서서 몇 걸음 옮긴 절묘한 순간에 발사가 있고, 세상이 그렇게 모든 일이 있을 데서 그럴 만한 때 일어나는 게 아니겠소. 적어도 지금까지는 그랬단 말이오. 그런데 스탈린 동지가 집무하던 사무실에 모스끄바 대공[옐친]이 앉아 있는데도 이렇게 내 동료며 상관이며 시민들이 태연하게 담배 피우고 밥 먹고 심지어 아이까지 낳고 있다니 이게 어찌된 일이오? 내가 당신에게 물어보고 싶은 건 이 말이오.(앞의 책, 496~497쪽)

여기에 거꾸로 선 심문자의 형상이 있다. 심문은 흔들린다. 심문자가 피심문자에게 나는 누구인지 거꾸로 묻기 때문이다. 현실이 하루아침에 바뀐 것이 당혹스러웠기 때문일까? 아니 사태는 거꾸로일 것이다. 문제는 현실이 바뀌지 않았다는 데에 있다. 스탈린의 집무실에 옐친이 앉아 있는데 아무것도 바뀌지 않았다는 사실에 비밀경찰은 당혹감을 느끼는 것이다. 여기서 최인훈이 확인한 것은 이념과 제도의 붕괴 속에서 비틀거리는 비밀경찰, 즉 국가기구 같은 것이 아니다. 오히려 그가 확인한 것은 이념과 현실의 절대적 괴리다. 그렇기에 소련의 붕괴는 이념의 종언을 의미하지 않는다. 오히려 소련의 붕괴는 현실 차원의 문제이지 이념 차원의 문제가 아닌 것이다. 그런 의미에서 실지에서 본 것으로 심문이란 싸움에 획기적 역전의 기회를 마련하려던 최인훈의 기대는 무너지고 만다. 이념과 제도가 붕괴한 것으로 심문은 끝나지 않는다. 최인훈을 심문하는 것은 현실의 소련이 아니라 보편 이념이었기에 그렇다. 소련을 방문하여 현실을 확인하는 것으로는 지도원 선생에게서 벗어날 수 없었던 것이다.

사태가 이렇다면 전쟁을 정치로 변환하는 다른 수단은 현실을 허위의식이나 환상을 통해 날조하는 따위의 상징 조작이 아닐 것이다. 오히려 다른 수단이란 보편 이념과 현실 사이의 연결 고리를 절단하는 일이라 할 수 있다. 아무런 현실을 반영하지 않는 이념, 아니 오히려 현실을 이념 속으로 녹일 수 있는 순수 이념이야말로 총독이 천기누설한 내전의 비밀이다. 따라서 내전을 가능하게 하는 저 다른 수단이란 이 순수 이념을 만들어내는 일이라 할 수 있다. 그 가장 전형적 사례는 총독이 온 힘을 다해 지키려는 일본 패전 전의 천황제에서 찾을 수 있다.

1945년 이전의 천황제란 법-제도의 정당성 근거가 곧바로 도덕의 정신적 근원과 일치하는 제도를 뜻한다. 한편에서 천황은 법-정치 영역의 주권자였다. 동시에 다른 한편에서 천황은 도덕 영역의 최고 권위였다. 이랬을 때 제국 일본의 신민들은 아무런 외부를 갖지 못하는 매끈한 내재성의 세계 속에 삶을 영위한다. 근대 국가의 법-정치 제도가 개인의 행위를 통치 대상으로 삼음과 동시에 내면-신념-도덕이라는 통치의 외부를 상정한다면, 천황제는 법-정치와 내면-신념-도덕을 천황이라는 한 점에 일치함으로써 외부가 없는 내재적 세계를 만들어내기 때문이다. 따라서 천황제에는 세계의 초월성이 없다. 모든 것은 천황=세계라는 동질성으로 환원될 수 있기 때문이다. 개인의 행위와 마음은 한 치의 오차도 없이 일치해야 한다. 그래서 천황제는 서구 근대의 기준에서 예외적 통치 제도라기보다는 20세기의 내전을 염두에 뒀을 때 가장 이상적 상태를 구현한 셈이다.

> 히틀러 총통의 가르침은 사람의 말이었으나 제국의 가르침은 가르침이 아니라 사실인 것입니다. 황국은 신국이라는 사실에의 개안, 체득, 이러한 종교적 비의입니다. 어진 신민에게는 비의도 아무것도 아닌 그저 사실이요, 생활이지만 한 번 미망의 길에 들어선 자나 외지인에게는 필사적으로 수행해 자기화해야 하는 비의라는 것뿐입니다.(7, 총독의 소리, 127쪽)

제국의 가르침, 즉 천황의 가르침은 사실이자 비의다. 그것은 결국 사실과 비의가 식별 불가능하게 일치함을 말한다. 그런 한에서 사실-비의는 20세기 보편주의의 내전이자 초월성을 상실한 세계다. 그 안에서는 모든 것을 알아야만 하고, "미망의 길에 들어선 자나 외지인"을 향해 '너는 누구냐'는 물음을 던지는 심문이 계속된다. 물론 어진 신민들은 알아야만 할 필요가 없다. 이미 알기 때문이다. 마치 자기 직무가 자기 자신이었던 소련의 비밀경찰처럼 말이다. 이들에게 현실과 비의, 즉 이념은 한 치의 오차 없이 일치하는 순수 이념이었기에 그렇다. 하지만 노예나 난민은 끊임없는 심문에 시달려야 한다. 물론 어진 신민과 노예/난민이 현실의 지정학적 영토에 따라 배치되는 것은 아니다. 반도/식민지와 노예/난민은 내전 자체인 천황의 제국이 꿈꿔야 할 놓쳐서는 안 되는 존립 근거이기 때문이다. "반도의 영유는 제국의 비밀이었습니다. 영혼의 꿈이었습니다."(앞의 책, 82쪽)

결국 총독은 제국-식민지가 내전의 비밀 자체임을, 천황제가 완성한 바깥 없는 내재적 세계가 저 '다른 수단'임을 말해준 셈이다. 그런 의미에서 최인훈에게 아시아는 다른 가능성 따위가 아니었다. 그에게 아시아는 20세기 보편주의의 정수를 보여주는 유럽 이상의 유럽이었다. 물론 그는 반도의 두 국가가 유럽(미국을 포함한)보다 물질적 면에서 한참 뒤졌음을 안타까워했다. 그러나 그것은 최인훈의 정신적 영위에 그다지 중요한 사안이 아니었다. 그가 남긴 파편들을 재조립했을 때 드러나는 것은 반도라는 식민지를 영유한 제국이야말로 20세기 보편주의의 범례를 만든다는 사실이다. 최인훈이 살았던 20세기 반도는 그렇게 세계의 주변이자 중심이었다.

최인훈을 추모하는 법도

20세기를 훌쩍 지나 21세기에도 18년이란 세월을 겪은 최인훈은 총독의 소리를 계속 들으며 여생을 보냈을까? 이명준의 항해도, 독고준의 여정도, 구보 씨의 일상도 여전히 그대로였을까? 속 시원히 대답해 줄 이는 아마도 없을 듯하다. 그저 남겨진 말들의 편린을 이어 붙이며 추측해볼 수밖에.

『화두 2』 말미에서 그는 "나 자신의 주인일 수 있을 때 써둬야지,

아니 주인이 되기 위해 써야 한다."고 의미심장하게 말하며 『화두』의 시작 부분을 맨 마지막에 반복한다. "낙동강 700리, 길이길이 흐르는 물은 이곳에 이르러 곁가지 강물을 한 몸에 뭉쳐 바다로 향하여 나간다."(14, 화두 1, 23쪽과 15, 화두 2, 586쪽). 주인이 되기 위해 쓰기를 선택한 그는 그러나 결코 심문으로부터 자유로워진 것이 아니다. "기억의 밀림 속에 옳은 맥락을 찾아내어 그 맥락이 기억 사이에 옳은 연대를 만들어내게 함으로써만 나는 나 자신의 주인이 될 수 있겠다. 그 맥락, 그것이 '나'다. 주인이 된 나다. 그래야 두 분 선생님을 옳게 만날 수 있다."(15, 화두 2, 586쪽) 여기서 두 선생님이란 심문자인 지도원 선생과 최인훈으로 하여금 평생을 문학인으로 살게 한 문학 선생이다. 그러나 결국 두 선생 모두 심문자임에는 변함이 없다. 한쪽은 보편 이념을 등에 업고, 다른 한쪽은 글쓰기를 재촉하며 '너는 누구냐'는 물음을 반복하기 때문이다. 최인훈은 그 심문에서 벗어날 생각이 없다. 오히려 주인이 됨으로써 심문을 옳은 것으로 만들려 한다. 그런 의미에서 그는 20세기로부터 벗어날 생각이 없다. 20세기를 한계점까지 살아보는 것이 그의 선택이었다.

    그 이후는 어땠을까? IMF를 거쳐 민주정부를 겪은 뒤 희대의 사기꾼이 온 국민의 워너비가 된 광경을 목격하며 총독은 어떤 미소를 지으며 무엇을 떠들었을까? 뒤이어 황군 장교의 장녀가 20세기의 내전을 전면전으로 과속화한 끝에 권좌로부터 끌려 내려왔을 때 총독은 방송을 멈췄을까? 이에 대한 대답은 최인훈이 아니라 살아남은 자들의 몫일 터다. 추측건대 무지한 노예/난민인 채로 세계-책을 읽는 것이 최인훈이라는 거인의 윤리였을 것이기에 그렇다. 최인훈은 끊임없이 읽으며 주인으로서 대답하기 위해 썼을 것이다. 그렇게 그는 세계-책의 한자리를 차지하려 무던히 애썼을 것이다. 그렇게 하여 거듭 기억의 밀림에서 옳은 맥락을 찾아 현재 상황과의 연대를 만들어냄으로써 세계-책을 대리하는 선생님들의 심문에 올바르게 대답하려 온 힘을 쏟았을 것이다. 그것이 그가 다짐한 주인 되기, 즉 노예의 자리를 인식함으로써 노예에게서 벗어나는 올바른 읽기였기 때문이다.

20세기의 충실한 신민 최인훈의 삶은 그렇게 영위되어야 했다. 무지로부터 벗어나 자기가 속한 세상의 자기 자리를 올바르게 읽어내기. 그러기 위해 최인훈은 뼈를 깎는 노력으로 세상 삼라만상의 내력과 이치를 알고 또 알아야만 했다. 그래야만 선생들의 심문에 올바르게 대처하고 그들이 만족할 수 있으며 종국에 주인이 될 수 있기에 그랬다. 그렇게 심문은 끝났을까? 아쉽게도 역사의 종말은 오지 않았고 최인훈이 세상을 떠난 뒤에도 내전은 현재진행형이다. 거리를 가득 메운 CCTV, 인공위성을 장악한 구글의 세계 지도, 그리고 아니면 말고를 휘두르며 진실을 망각의 늪에 빠트리는 가짜 뉴스까지 대답할 길 없는 심문은 이제 시공간을 종합한 4차원의 압박으로 일상을 옥죈다. 내가 모르는 나뿐 아니라 오래전 망각한 나를 심문에서 마주할 지경이니 말이다.

이런 상황에서 남겨진 이들은 어떻게 최인훈의 심문을 끝낼 수 있을까? 그는 내전으로부터 해방될 수 있을까? 그가 끝끝내 될 수 없었을 주인의 자리를 되찾아 주어야 할까? 결단코 아니다. 너무 많이 알아버린 최인훈의 기억을 한 가닥, 한 가닥 올바르게 맥락화하는 대신 그의 세계-책 탐닉을 뒤죽박죽으로 섞어버려 결코 풀 수 없는 불가사의한 이물질로 만드는 일이 유일하게 가능한 방법일 것이다. 그가 되고자 한 주인이 마련된 자리였던 한에서 그는 기껏해야 피심문자에서 심문자가 될 수 있을 뿐이었다. 그러나 그가 서양을 쫓는 대신 뒤쳐진 자리에서 '주저앉기'를 어렴풋한 해방의 태도로 제시한 데서 알 수 있듯 그가 알아버린 그 많은 지식은 수상한 수수께끼로 남아야 한다. 너무 많이 알아버린 남자의 기억 다발을 더할 나위 없이 난삽한 채로 간직하는 일, 그것이 최인훈을 추모하는 법도일 것이다. 그래야 최인훈을 세계-책에 쓰이지 않은 절대적 타자로 기억할 수 있을 터이며, 그의 삶을 세상이 책보다 한 뼘만큼은 넓음을 알려준 초월성의 표지로 간직할 수 있을 터이기에.

1 최인훈, 최인훈 전집, 문학과지성사, 2008. 본문에서 이 책의 인용은 (전집 권수, 제목, 쪽수)로 표기한다.
2 슈미트의 내전에 관해서는 다음을 참조하여 요약한 것이다. 김항, 『종말론 사무소』, 문학과지성사, 2016, 1~2장.

인간이라는 분할과 노동:
벤야민과 크라카우어의 경우

크라카우어를 읽는 벤야민

자존감 높고 칭찬에 옹색할 뿐 아니라 감탄을 애써 숨기려 하는 고약한 비평가도 어쩔 수 없이 무장 해제를 당하는 경우가 있다. 크라카우어Siegfried Kracauer의 『샐러리맨Die Angestellten』을 읽는 벤야민의 이야기다. 특히 크라카우어가 어느 인사부장을 인용하며 바람직한 샐러리맨의 얼굴색을 "도덕적 핑크Moralish-Rosa"라 말할 때가 그렇다.[1] 벤야민은 이 인용 속에서 크라카우어의 비평 방법에 내장된 변증법적 힘을 추출해낸다.

벤야민에 따르면 크라카우어는 샐러리맨의 일상 속으로 들어가 그들의 속어Jargon로 현실을 조각낸 뒤 다시 모자이크로 형상화한다. 그곳에서 그는 크라카우어 비평의 열정을 본다. 그 열정의 비평은 『…사회학Zur Soziologie …』이란 제목으로 이뤄진 일련의 현실 분석도 아니고², 르포르타주란 이름 아래 현실의 모습을 사실적으로 스케치하는 '베를린의 새로운 급진주의와 사실 묘사neuberliner Radicalismus und neue Sachlichkeit'를 거부하며, 무엇보다도 진정한 계급의식을 강조하는 마르크스주의의 이데올로기론과 스스로를 구분시킨다.³ 크라카우어의 비평은 사회학의 이름 아래 현상의 정치적 의미를 회피하려는 기회주의, 사실을 있는 그대로 충실히 묘사하여 노동계급의 비참을 고발하려는 좌익소아병, 그리고 노동계급의 당파성을 설파하는 마르크스주의의 선동주의를 거부하면서 아웃사이더 한 사람으로서 현실을 뒤덮고 있는 가면을 철저하게 '벗겨내는entlarven' 일이었기 때문이다.

그렇게 하여 크라카우어의 비평은 마르크스주의의 심부深部로 직행한다. "그가 샐러리맨의 일상 속에 변증법적으로 침투하는dringen dialektisch 까닭은 정통 마르크스주의자orthodoxer Marxist이기 때문도 아니고, 또 실천적 선동가이고자 하기 때문이 아니라 '변증법적으로 침투하는' 일이 가면을 벗겨내는 일이었기 때문이다." 벤야민이 보기에 크라카우어는 마르크스주의의 교리에 충실하지도 당파적인 목적에 충실하지도 않은 '마르크스주의자'다. 그는 어떤 이론이나 목적을 위해 샐러리맨의 일상에 주목하는 것이 아니라 단지 변증법적으로 침투한다는 이유에서 마르크스주의에 한없이 가까워진다. 사회적 존재가 의식을 결정한다는 자신의 언명에도 마르크스는 계급국가에서의 사회적 존재가 결코 자신에게 걸맞은 의식을 획득할 수 없다고 했다. 이는 계급 사회에서의 사회적 존재란 "다양하게 매개된, 비본래적인, 어긋난 형태로밖에" 의식을 가질 수 없기 때문이다. 따라서 계급 사회에서의 마르크스주의자란 이 매개와 비본래성과 어긋남을 폭로하는 일을 임무로 삼는다. 그것이 바로 '변증법적으로 침투하는' 일이었다. 크라카우어는 현실을 사실 그대로 묘사하는 데에 만족하거나 주어진 교리를 당파적 진리로 주장하는 정치성이 아니라 존재와 의식 사이의 어긋남을 더할 나위 없는 열정으로 비판Kritik하는 비평가였다. 그래서 벤야민이 보기에 "그의 기획은 그를 마르크스주의의 전체 구조 속으로 이끌어"갔던 것이다.[4]

그런데 벤야민이 감탄한 크라카우어의 방법은 통속적인 것이 아니다. 샐러리맨이라는 대상이 주어지고 그것을 해부하는 방법이 아니라는 것이다. 벤야민이 '변증법적으로 침투하는' 일이라 불렀던 크라카우어의 방법은 샐러리맨을 "최신 독일neuesten Deutschland"의 사회경제적 상태 비판을 위한 대상으로 포착하는 데에서 작동되기 때문이다. 샐러리맨을 탐구의 대상으로 삼은 일이 '변증법적으로 침투하는' 방법 자체라는 것이다. 그리고 그것이 '마르크스주의'에 충실한 작업이라 할 때 벤야민이 말하는 변증법적이라는 것과 마르크스주의적이라는 것은 이른바 '정통 마르크스주의'와 거리가 멀다. 크라카우어가 마르크스주의에 충실하게 변증법적으로 침투한 것은 존재와 의식 사이의 비본래성과 어긋남을 드러내기 위함이었기 때문이다. 그래서 크라카우어에게 샐러리맨은 자본가와 노동자의 이분법적 구도로는 포착할 수 없는 존재/의식의 분열 자체였다. 크라카우어는 당대 베를린에 대거 출현한 샐러리맨의 일상에서 마르크스가 그려낸 자본주의적 인간 형상을 추출한 것이다. 어느 인사부장이 착한 부하 직원들의 뺨에서 본 '도덕적 핑크'는 이 비본래성과 어긋남을 감추는 수줍은 가면이었고, 벤야민이 날카로운 촉수로 인지했듯 이들의 핑크빛 뺨은 고전파에서 마르크스까지 노동가치설의 임계를 드러내는 관상觀相, physiognomy 이었다.

Angestellten과 샐러리맨

그렇다면 크라카우어가 포착한 샐러리맨은 어떤 존재였을까?[5] Angestellten은 동사 anstellen의 과거분사형으로, '고용된, 임용된 사람'을 뜻한다. 이 말을 고전적 노동자를 뜻하는 'Arbeiter'와 동일시할 수는 없다. 마르크스주의적으로 말하자면 Angestellten은 자본가도 노동자도 아닌 사회 집단을 뜻하는 단어이기 때문이다.

19세기 중엽부터 산업자본주의가 발전함에 따라 생산 설비가 확충되고, 투자와 생산 과정이 자본가 개인의 손에서 회사 형태로 변화함으로써 자본 운용과 설비 관리와 노동 통제 등 생산 과정에서의 업무 세분화와 분업화가 비약적으로 발전한다. 따라서 단순히 자본가와 노동자라는 이분법으로 포착될 수 없는 새로운 사회계층이 등장하게 된다. 이들은 기업의 거대화와 서비스 부분 확장으로 종래 노동자와 이질적인 피고용자 집단을 성립시킨 것이다. 크라카우어가 Angestellten이란 용어로 포착한 집단이 바로 이들이다. 이들은 분명 임금노동자이지만 직접 생산에 관여하는 것이 아니라 자본가의 관리와 유통 업무를 분담하는 계층이다. 또한 그 내부에서 직급이 위계화됨에 따라 스스로를 노동자와 구분될 뿐 아니라 적대하는 존재로 규정하는 이도 다수 존재했다. 즉 이들은 자본가는 아니지만 자본가와 같은, 노동자이지만 노동자가 아닌, 중간적 사회계층을 형성한 것이다.

크라카우어가 독일에서 이 새로운 집단에 주목하여 비평을 세상에

선보였을 때 일본의 마르크스주의자 아오노 스에키치青野季吉는 『샐러리맨 공포시대サラリーマン恐怖時代』[6]를 통해 동일한 촉수로 공황 직후의 일본 사회를 해부했다. 아오노는 이 책에서 대공황이 도시 임금노동자의 생존 조건을 어떻게 위협하는지를 분석했다. 그는 실업과 임금 삭감 등의 위기를 이른바 정통 마르크스주의의 문법으로 해석하지 않았다. 아오노는 프롤레타리아트가 자신의 생활고와 맞서 싸우며 자본주의 체제의 근본 모순까지를 해결할 수 있는 주체적 계급임을 논하면서 그들의 굳건한 의지와 신념을 믿어 의심치 않는다. 하지만 문제는 도시를 중심으로 등장한 '샐러리맨'이다.

> 문제는 샐러리맨이라는 사회층이다. 이들은 프롤레타리아트와 마찬가지로 근대 자본주의 경제의 산물이다. 하지만 생활에서의 어려움과 고뇌의 근원에서도, 성질에서도 프롤레타리아트와는 다르다. 점점 프롤레타리아트와 가까워지고 있음은 사실이라 하지만 그 발생과 발전과 내용이 프롤레타리아트와도 농민과도 다른 것이다. 따라서 어려움과 싸우고 고뇌를 극복하기 위한 노력과 그 투쟁의 사회적 의의도 프롤레타리아트나 농민의 경우처럼 자명한 것으로 인식되지 못한다. 즉 샐러리맨 자신이 현실에서 그런 문제들과 직면했을 때 의심하거나 동요하는 것이다. 그리고 이 의심과 동요가 생활에서의 어려움과 고뇌를 배가시키고 있다.[7]

아오노는 이렇게 말하면서 도시 거주민 임금노동 형태의 다수를 차지하는 샐러리맨이 어떻게 사회주의 혁명에 장애가 되는지, 나아가 국가와 자본에 의한 파시즘적 드라이브에 가장 먼저 종속되는 계층이 되는지 당대의 현실을 사례로 서술한다. 아오노에 따르면 샐러리맨은 공황에 직면하여 프롤레타리아트나 농민과 마찬가지로 생활상의 궁핍과 곤란에 내던져지지만 프롤레타리아트와 농민과 달리 그것을 극복하려는 투쟁의 의지보다는 공포와 불안과 비겁 속에서 미래를 향해 나아가지 못하는 계층인 것이다.

크라카우어가 포착한 Angestellten도 이와 놀라울 정도의 유사성을 가진 계층으로 묘사되고 분석된다. 그는 당대 독일의 상황을 보면서 이 중간 계층이 스스로의 자기 의식(자본가에 가깝다는 착시)과 달리 점점 프롤레타리아트화되는 과정을 기록했다. 또한 그 과정에서 자신의 지위를 잃지 않으려 안간힘을 쓰는 애처로움을 보이며 프롤레타리아트와는 달리 과시적 소비를 일삼는 행태를 분석한다. 이를 통해 크라카우어는 바이마르공화국의 혼란이 파시즘으로 경도될 가능성을 경고한다. 파시즘이 침투하는 소지素地로 그가 우려의 눈으로 포착한 것이 Angestellten인 것이다. 그런 의미에서 아오노의 샐러리맨과 크라카우어의 Angestellten은 단순히 단어 대 단어의 번역 차원을 넘어서 세계대공황이라는 특정 국면의 역사적 문맥 속에서 동시에 등장했고, 후발 자본주의 국가인 일본과 독일에서 파시즘을 예견하게 했다는 점에서 정치경제학적 개념으로서의 동질성까지를 공유한다. 그리고 이 동질성은 아오노와 크라카우어의 예리한 촉수를 통해 마르크스주의의 노동 개념에 숨어 있는 형이상학적 질병을 포착하게 해주는 단초를 제시한다.

샐러리맨의 생태계

크라카우어는 당대 샐러리맨의 악화된 고용과 노동 조건을 서술하는 것으로 시작한다. 이런 상황은 독일 샐러리맨의 지위를 저하시켜 프롤레타리아트화하는 주요 원인이었다. 일본과 독일에서 샐러리맨이라는 중간 계층이 등장하고 그 속성과 사회적 영향 등이 동질적이었음은 이미 살펴보았다. 샐러리맨이 자신들을 프롤레타리아트와 다른 계층으로 인식하는 독일 고유의 사정이 있었다. 독일의 샐러리맨은 1911년에 제정된 '직원연금보험법Angestelltenversicherungsgesetz'의 보호 아래 공적으로 신분Stand이 보장되었던 것이다. 그런 까닭에 독일의 샐러리맨은 헌법 아래의 동일한 국민 규정에도 제도적으로 보장된 신분을 가진 군인, 관료, 교수 등의 계층과 스스로를 동일시한 것이다.[8]

이러한 공적 신분의 보장과 더불어 샐러리맨의 자의식을 규정한 것은 자신들이 하는 작업의 성질이었다. 이들은 생산직 노동자와 달리 자신들은 지적 작업에 종사하는 계층이며, 단순한 제품 생산이 아니라 생산성 제고와 효율적 관리 등 기업과 사회 전체 차원의 경제 구조를 입안/집행한다는 자부심을 가졌던 것이다. 하지만 크라카우어는 이런 자의식이 더는 지탱될 수 없게 된 상황을 당대의 현실을 보면서 지적한다. 예전에는 전문적이고 특수한 지적 능력을 가져야만 할 수 있었던 사무 업무를 이제 특별한 교육 없이도 처리될 수 있는 단순 작업으로 세분화한 것은 미국적 기계화와 합리화였다. "기계 도구에 정신 노동이 내재된 덕에 조작하는 인간이 지식을 가질 필요가 없어졌다. (…) 이들에게 요구되는 것은 단지 주의력뿐이다."[9]

이렇듯 미국에서 도입된 테일러리즘적 생산 관리의 획일화가 이전에는 인간에 의한 통합적 관리 능력을 요구했던 부분을 점점 없애 버렸다. 당시 샐러리맨의 숫자는 350만가량으로 독일 총 노동자 수의 20퍼센트 정도를 차지할 만큼 증가했지만(S.M. 29쪽) 예전처럼 이들에게 고도의 전문적 능력이 요구되는 일은 줄어들었다. 기업의 거대화에 따라 사무 업무가 세분화되어 샐러리맨에 대한 수요가 늘어나긴 했지만 정작 이들이 하는 일은 단순 업무인 경우가 많았던 것이다. 게다가 고등교육의 보급은 예비 샐러리맨을 양산하는 결과를 낳아 임금은 저하할 수밖에 없었다. 예전에 가졌던 신분의식이 지탱될 수 없는 데에는 이러한 요인들이 작용한 것이다.

이러한 샐러리맨의 지위 하락을 크라카우어는 "자본의 하사관"에서 "서로 교환할 수 있는 병졸"로의 전락이라 표현하면서 "한 대은행에서는 최근 부장을 방장이라 부른다. 이는 권위의 실추를 나타내는 오명"(S.M. 31쪽)이라 말한다. 군인, 관료, 교수, 법조인 등 특정 직군의 신분의식은 자신들이 하는 일의 전문성과 대체 불가능성에서 비롯된다. 하지만 샐러리맨은 이제 그런 의식을 가질 수 없다. 전문성이 필요 없는 단순 작업에 종사하는 계층이 되었기 때문이며, 그런 한에서 누가 와도 상관없는 대체할 수 있는 직군이 되었기 때문이다. 이러한 비전문화와 대체 가능화가 진전되는 속에서 조직의 비대화와 비가시화가 가속화된다.

보통 문학이 현실을 모방한다면 이 경우에는 문학이 현실을 앞선다. 카프카의 작품이 인간의 미궁迷宮 같은 대경영 조직verworrene menschliche Großbetirieb, the labyrinthine human big firm과 (…) 최고 기관의 비가시성을 결정적 방식으로 보여주기에 그렇다. (…) 경영층이 하부 조직의 샐러리맨에 대해 무언가를 알 수 있는 가능성은 거의 없다. 샐러리맨의 시선이 위에 가닿을 수도 없다. 지시를 받고 전달하는 중간 관리직이 중개자가 된다. 만약 그들이 부하에게 하는 것과 같이 상사들과도 직접 접한다면 위아래의 인간은 그들을 통해 결합될 수도 있다. 하지만 현실적으로 그런 책임을 짊어진 관리자들이 어디에 있을까? 중간 관리직이 의존하는 임원들도 오늘날에는 종속적 위치로 전락했고, 겸손인지는 몰라도 자기들을 샐러리맨이라 부른다. 그들 위에는 감독관이나 은행 대표가 있지만 위계의 정상에 자리하는 자들은 금융자본이라는 어두운 하늘 속에 숨어 있다.(S.M. 48쪽)

이것이 크라카우어가 관찰한 샐러리맨의 생태계다. 카프카Franz Kafka가 이미 선취한 세계가 현실화된 것이다. 그 안에는 인간과 인간의 직접적 접촉이 없다. 모든 것은 매개된다. 그렇기에 최하층과 최상층은 결코 서로를 인지하는 일이 없다. 카프카의 성과 같은 거대한 미궁인 셈이다. 그 안에서 샐러리맨은 자신의 작업이 전체 중에 어떤 부분을 차지하는지 알 길이 없다. 전체를 그릴 수 있는 시야가 원천적으로 봉쇄되기 때문이다. 또한 자기가 속한 거대한 조직 속에서 어떤 자리를 차지하는지 알 길이 없다. 직책이 있고 임무가 있지만 그것이 조직의 전체 구조 속에서 어떤 역할을 담당하는지 알 길이 없기 때문이다. 이렇게 샐러리맨은 신분적 자존감이었던 전문성과 대체 불가능성을 상실한다. 특히 기업과 사회의 전체 경제 구조를 입안하고 집행하는 전문가라는 자기 규정이 산산조각 난다. 그리하여 샐러리맨은 크라카우어가 말하는 '정신적 홈리스geistig obdachlos, spiritual homeless' 상태가 된다.

> 계급의식을 가진 프롤레타리아트는 속류 마르크스주의적 개념이란 지붕 아래에 보호된다. 그 개념은 적어도 그에게 요구되는 역할이 무엇인지를 가르쳐주기 때문이다. 물론 지금 이 지붕에도 구멍이 많이 뚫렸지만 말이다. (…) 하지만 샐러리맨 대중은 정신적으로 홈리스라는 점에서 프롤레타리아트와 구분된다. 동료들과 함께할 수 있는 길은 당분간 찾을 수 없으며, 그들이 사는 집이라 믿었던 부르주아적 사고와 감성은 이미 붕괴되었다. 경제의 발전이 기반을 빼앗았기 때문이다. 이들은 지금 따라야 할 교리도, 추구해야 할 목적도 없이 산다.(S.M. 88쪽)

이러한 정신적 홈리스 상태를 추동한 경제의 발전이란 무엇인가? 여기서 경제의 발전은 호황과 성장을 뜻하는 것이 아니라 기술화와 합리화 등 경제 영역에서의 기술 발전을 뜻하며, 그런 한에서 샐러리맨이 잃어버린 정신의 거처는 산업자본주의의 발전에 따라 파괴된 부르주아적 이성이다. 왜냐하면 샐러리맨은 부르주아와 자신을 동일시하며 신분적 자기 정체성을 가져왔기 때문이다. 그렇다면 부르주아적 이상이란 무엇인가? 그것은 19세기 베를린을 중심으로 성장한 독일 중산층의 교양주의다. 독일적 자유주의라고 불러도 될 교양주의에 대해서는 자세한 설명이 필요 없을 것이다. 괴테와 실러로 대표되며, 인격과 자유와 개인 등의 이상이 그 키워드임을 지적해두기만 하자. 그러나 기술 혁신을 통한 경제의 발전, 즉 산업자본주의의 거대화는 교양주의를 뿌리로부터 부식시키기에 충분했다. 신칸트학파에서 베버를 거쳐 프랑크푸르트학파까지 점점 격앙되어간 기술 합리성 비판을 상기해보면 크라카우어가 말하는 경제의 발전이 독일 부르주아의 교양주의를 어떻게 침식하여 파괴했는지 상상하기 어렵지 않다. 그런 의미에서 샐러리맨의 '정신적 홈리스' 상태는 바로 독일 부르주아의 교양주의 붕괴와 맞닿아 있다. 샐러리맨을 원칙도 목적도 없이 살게 만든 요인은 경제적 궁핍만이 아니라 교양의 붕괴였던 셈이다. 그래서 크라카우어는 말한다.

> 세계관의 기초가 결여됨에 따라 경영자의 지위뿐 아니라 샐러리맨 층의 지위도 부식된다. 종속하는 자의 삶은 왜 자기에게 이렇게 중압적으로 무언가가 부가되는지 그 이유를 알고 싶어 한다. 지배층이 정당한 개념을 단념해버림으로써 샐러리맨은 길을 잃어버렸기 때문이다.(S.M. 96쪽)[10]

여기서 벤야민이 주목한 크라카우어의 "도덕적 핑크"란 인용이 내장하는 이미지의 압축적 폭발력이 비로소 감지된다. 말할 필요도 없이 핑크란 세속적이고 저속한 관능미를 상징한다. 그것은 매혹적이지만 돈과 지저분한 욕망으로 오염된 유혹이다. 그래서 샐러리맨의 뺨에 드리운 도덕적 핑크는 자본주의를 부르주아적 도덕으로 포장하는 은폐임과 동시에 붕괴된 부르주아의 도덕이 자본주의의 시스템 속에서 지탱되는 변모를 나타낸다. 즉 저 도덕적 핑크는 샐러리맨이 내던겨진 부르주아의 정신과 자본주의적 육체가 뒤엉켜 식별할 수 없게 된 지대를 상징하는 이미지였던 셈이다. 그런 의미에서 크라카우어의 샐러리맨은 마르크스주의의 프롤레타리아트와 구분되는 계층이다. 프롤레타리아트가 노동의 소외를 극복함으로써 유적 존재로서의 인간의 본모습을 탈환하는 존재라면, 샐러리맨은 부르주아와 프롤레타리아트 사이에서 소외를 소외로서 의식하지 못한 채 살아가는, 세계로부터 내쫓긴 존재인 것이다.

그런데 벤야민은 이런 크라카우어의 샐러리맨이야말로 마르크스주의의 심장부에 있는 존재라 말한다. 벤야민의 용어로 정통 마르크스주의의 관점에서 보자면 터무니없는 주장이 아닐 수 없다. 저런 회색지대의 집단이 마르크스주의의 심장부에 자리하는 인간형이라니 말이다. 그것은 노동계급이 노동계급으로서의 자기 규정을 저버릴 때만이 노동해방이 된다는 변증법을 설파하며 노동계급의 전위당이 필연적으로 소멸해야 한다는 지극히 당연한 논리를 펼친 루카치 György Lukács 보다 더 반동적 주장이었다. 계급과 당의 소멸이 해방에 이른다는 변증법적 주장도 수용할 수 없는 마당에 샐러리맨 같은 '과학적'으로 무의미한 계층이 마르크스주의의 심장부를 거처로 삼는다니 말이다.

유적 인간과 노동

왜 벤야민은 그렇게 주장한 것일까? 이 물음에 답하기 위해서는 마르크스의 노동소외론에 샐러리맨을 투영해보아야 한다. 마르크스는 젊은 시절 초고草稿에서 노동의 소외를 다음과 같이 정식화한다. 프롤로그에서 인용한 마르크스의 말을 다시 한번 참조해보자.

인간은 하나의 유적 존재인 바 이는 그가 실천적으로도 이론적으로도 유를 다른 사물의 유와 마찬가지로 자기 자신의 유도 자신의 대상으로 삼는다는 점에서뿐 아니라 또한 — 그리고 이것은 동일한 사태의 다른 표현이지만 — 그가 현재의 살아 있는 유로서 자기 자신과 관계한다는 점에서 보편적인 따라서 자유로운 존재로서 자기 자신과 관계한다는 점에서도 그러하다.[11]

유類, Gattung, type/class/species란 문법적으로 말하자면 서술어이고, 수학적으로 보자면 하나의 집합이다. '홍길동은 사람이다'에서 사람에 해당하는 것이 유인 것이다. 그렇다면 인간이 유적 존재라는 것은 무엇을 뜻하는가? 그것은 주어가 서술어와 남김없이 일치한다는 것이고, 집합에 속한 한 요소가 집합 자체임을 뜻한다. 다시 말해 홍길동은 사람 중 한 사람이면서 사람 자체라는 것이다. 이런 측면에서 보면 인간이 유적 존재라는 규정은 논리의 위계 속에서는 성립될 수 없는 말이다. 논리가 근거하는 범주의 위계를 위반하기 때문이다. 그래서 마르크스의 진술은 논리적이라기보다는 변증법적이다. 자연이든 사물이든 타자이든 시간이든 역사든 인간이 유적 존재라는 진술이 의미의 문턱을 넘기 위해서는 그러한 논리 바깥의 개입이 필요하다. 변증법이 범주의 질서로 구성된 논리의 세계를 뛰어넘는 까닭이다. 유적 존재로서의 인간은 그렇게 자기를 규정함과 동시에 그 규정을 뛰어넘는 기이한 존재인 셈이다.

그래서 마르크스는 인간이 유적 존재라는 규정을 노동으로부터 도출할 수 있었다. 인간이 자연과 사물과 타자와 만나는 노동이라는 활동을 통해 말이다. 그런데 실제 노동은 결코 인간이 할 수 있는 것이 아니다. 사람이 사과가 아니라 '이' 사과를 먹는 것처럼 노동은 인간이 아니라 '이' 인간만이 할 수 있다. 그래서 인간의 노동이라 할 때 노동은 실제 노동이 아니라 범주적 노동이다. 마르크스가 유적 존재라는 말에 내장시킨 변증법적 의미가 여기에 있다. '이' 인간의 '이' 노동이 바로 인간의 노동이라는 사실이 유적 존재라는 정의가 뜻하는 것이다. 프롤로그에서 인용한 마르크스의 말을 다시 한번 들어보자.

> 동물은 일면적으로 생산하지만 인간은 보편적으로 생산한다. 동물은 직접적인 육체적 욕구의 지배 아래에서만 생산하지만 인간 자신은 육체적 욕구로부터 자유로이 생산하며, 그러한 욕구로부터의 자유 속에서만 비로소 진정으로 생산한다. 동물은 자기 자신만을 생산하지만 인간은 자연 전체를 재생산한다. 동물의 생산물은 직접적으로 그 동물의 육체에 귀속하지만 인간은 자유로이 자신의 생산물에 대립한다. 동물은 자신이 속해 있는 종의 척도와 욕구에 따라서만 꼴을 만들지만 인간은 모든 종의 척도에 따라서 생산할 줄 알고, 언제 어디서든 대상에 내재적 척도를 갖다 댈 줄 안다. 그러므로 인간은 노한 미의 법칙들에 의거하여 꼴을 만든다.
>
> 이처럼 인간은 다름 아닌 대상적 세계의 가공 속에서 비로소 현실적으로 자신을 유적 존재로서 증명한다. 이 생산은 그의 활동적인 유적 생활이다. 이 생산에 의하여 자연은 인간의 작품으로서, 그리고 인간의 현실로서 나타난다. 따라서 노동의 목적은 인간의 유적 생활의 대상화다. 그 까닭은 인간이 의식에 있어서처럼 지적으로

뿐 아니라 활동적으로도 현실적으로도 자신을 이중화하고, 따라서 자신에 의해 창조된 세계 속에서 자기 자신을 바라보기 때문이다. 따라서 소외된 노동은 인간에게서 그의 생산의 대상을 빼앗음으로써 그의 유적 생활, 즉 그의 현실적인 유적 대상성을 빼앗고, 동물에 대한 그의 장점을 단점으로 변화시켜 그의 비유기적 몸, 즉 자연이 그에게서 떨어져 나가게 된다.

마찬가지로 소외된 노동은 자기 활동, 자유로운 활동을 수단으로 격하시킴으로써 인간의 유적 생활을 그의 육체적 실존을 위한 수단으로 만들어버린다.[12]

동물의 일면성과 인간의 보편성 혹은 동물의 직접적 욕구와 인간의 욕구로부터의 자유로움. 앞의 인용문 첫 단락에 나열되는 동물과 인간의 대비를 두 가지가 서로 다른 '실체적 존재'의 활동 양상이라 생각하면 안 된다. 여기서 동물의 속성으로 나열된 것은 모두 인간에게도 들어맞는 것이기 때문이다. 다만 인간은 그것에 머무르면서 벗어난다. 즉 일면적으로 생산하면서 동시에 보편적으로 생산한다. 홍길동이 농사를 짓는 것은 자신이 배가 고파서임과 동시에 자연을 인간의 개간 대상으로 삼는 활동인 것이다. 그래서 인간은 끊임없이 자신을 "이중화"한다. 동물인 동시에 동물임을 뛰어넘는 동물 혹은 한 사람인 동시에 한 사람임을 뛰어넘는 사람, 이것이 바로 유적 존재로서의 인간의 진정한 '유적 본질'인 셈이다. 마르크스가 유적 존재라는 말에 담은 최소한의 의미란 바로 이 '이중화'라고 할 수 있다.

그런데 여기서 후세의 논객들을 괴롭히는 문제가 등장한다. 바로

"욕구로부터의 자유 속에서만 비로소 진정으로 생산한다."와 같은 구절이다. 이 구절을 보면 마르크스는 분명히 동물과 인간의 분할 자체인 인간에게 모종의 진실성을 부여하는 듯 보인다. 유적 존재의 본질인 동물과 인간으로의 이중화에서 후자에게만 부여되는 실체적 진실이 있는 양 서술하는 것이다. 그랬을 때 노동의 소외는 이 실체적 진실이 상실되는 삶의 양상처럼 해석되기 마련이다. 소외된 노동을 극복하고 유적 존재로서의 인간을 회복한다는 사고의 경로가 태어나는 시초가 여기에 있다.

하지만 앞의 인용문 중 이런 구절은 어떨까? "소외된 노동은 인간에게서 그의 생산의 대상을 빼앗음으로써 그의 유적 생활, 즉 그의 현실적인 유적 대상성을 빼앗고, 동물에 대한 그의 장점을 단점으로 변화시켜 그의 비유기적 몸, 즉 자연이 그에게서 떨어져 나가게 된다." 여기서 마르크스가 지적하는 것은 다음과 같다. 즉 노동의 산물이 생산자에게서 빼앗김과 동시에 노동 자체가 노동자에게 낯선 것이 됨으로써 노동이 직접성과 자유로움 두 가지 모두를 빼앗기게 되는 사태다. 마르크스는 분명히 여기서 유적 대상성, 즉 인간 노동의 실체적 진실성만이 아니라 동물의 직접성, 즉 자연마저도 인간에게 빠져나간다고 말한다. 그런 의미에서 이 구절은 노동의 소외가 박탈하는 실체적 진실이라기보다는 저 이중화의 가능성 자체다. 즉 동물과 인간을 구분하는 인간의 노동/활동 자체의 상실인 것이다.

인간이라는 분할

다음과 같은 구절을 보자.

우리는 국민경제학의 전제들로부터 출발하였다. 우리는 그 언어와 그 법칙들을 받아들였다. (…) 국민경제학은 사적 소유라는 사실로부터 출발한다. 국민경제학은 우리에게 바로 이 사실을 설명하지는 않는다. 국민경제학은 사적 소유가 현실 속에서 경과하는 물질적 과정을 일반적이고 추상적인 공식들로 표현한다. 그러면 그 공식들은 국민경제학에서 법칙들로 간주된다. 국민경제학은 이 법칙들을 개념적으로 파악하지 않는다. 즉 국민경제학은 법칙들이 어떻게 사적 소유의 본질로부터 유래하는지를 밝히지 않는다. 국민경제학은 우리에게 노동과 자본, 자본과 토지 사이의 분리의 근거에 대해 어떠한 해명도 해주지 않는다.[13]

여기서 마르크스는 국민경제학Nationalökonomie[14]의 전도를 문제 삼는다. 국민경제학은 정작 설명되어야 할 사안을 탐구의 출발점으로 삼는다는 것이다. 마르크스가 보기에 국민경제학자는 사적 소유가 현실에서 어떻게 다양한 경제적 현상과 질서로 전화되는지를 설명하고 그것을 법칙으로 만들어낼 뿐 사적 소유의 본질에 다가가지 않는다. 마르크스는 이 국민경제학의 사실로부터 출발한다. 그는 사적 소유가 하나의 왜곡이라 보는 것이 아니라 국민경제학이 사실의 지위로 전제한 사적 소유의 본질을 파헤치려 한다. 따라서 이 인용문을 근거로 사적 소유가 인간 본래의 자연과 사물과의 관계 양상이 아니라는 식의 논법은 도출될 수 없다. 그는 그저 사적 소유라는 전제 위에서 출발하는 국민경제학을 거꾸로 세우려는 시도를 할 뿐이다. 사적 소유야말로 설명이 시작되는 전제가 아니라 설명되어야 할 현상이기 때문이다.

따라서 마르크스는 이 시점에서 어떤 실체적 진리를 주장하는 것이 아니다. 마치 소크라테스처럼 스스로 말하게 함으로써 상대방 논술의 체제를 무너트리듯 국민경제학의 전제를 문제 삼고자 하는 것뿐이다. 노동의 소외와 유적 존재라는 규정도 마찬가지다. 물론 마르크스의 진의를 알 길은 없다. 있을 수도 있고 없을 수도 있고, 밝혀낼 수도 있고 없을 수도 있다. 다만 중요한 것은 마르크스의 방법은 거꾸로 세우는 일, 헤겔G. W. F. Hegel이든 스미스Adam Smith든 그들의 전제나 방법을 그들의 방식을 통해 거꾸로 세우는 일이었다.

그리하여 사적 소유의 본질을 파헤쳐 노동의 소외와 유적 존재라는 규정에 다다랐을 때 마르크스는 실체적 진리가 아니라 하나의 수행성을 제시한다. 바로 인간이 노동을 통해 동물과 인간의 분할을 수행한다는 사실, 그것이야말로 인간이라는 유적 존재의 고유성이라는 사실을 말이다. 그래서 벤야민은 크라카우어의 샐러리맨에서 마르크스주의의 심장부를 본다. 그것이 의식과 존재의 차이를 극명히 드러내기에 그렇다. "오늘날 샐러리맨 이상으로 사고와 감각이 자신들의 일상적 현실로부터 소외된 계급은 존재하지 않는다."[15] 이 언명을 샐러리맨이야말로 노동 소외의 극단을 체현한다는 범박한 파악으로 해석해서는 안 된다. 벤야민은 크라카우어가 파악한 샐러리맨의 처지, 즉 부르주아로부터도 프롤레타리아트로부터도 쫓겨난 존재 조건이야말로 마르크스주의의 심장부라 파악했기 때문이다.

부르주아와 프롤레타리아트는 속류(정통) 마르크스주의의 이해에 따르면 각자의 진리를 담지한 계급이다. 그것은 마치 헤겔의 주인과 노예의 변증법에 각각 할당될 수 있는 존재들이다. 속류 마르크스주의자들은 후자에 의한 전자의 변증법적 극복이야말로 마르크스의 진의이자 마르크스주의의 진리임을 믿어 의심치 않았다. 하지만 벤야민과 크라카우어는 그러한 진리의 게임 속으로 마르크스를 끌어들이는 일을 단념했다. 헤겔과 마르크스에게 주인/부르주아와 노예/프롤레타리아트의 분할은, 동물과 인간의 분할이야말로 인간 자체이듯, 인간사회/자본주의 자체였기 때문이다. 그런 의미에서 마르크스의 자본주의 비판은 이 분할이 더는 불가능한 지대, 즉 두 계급 어디에도 속할 수 없는 식별할 수 없는 존재를 집요하게 그러내는 것일 수밖에 없었다. 벤야민과 크라카우어는 마르크스의 자본주의 비판이 역사의 진보와 인류의 해방을 목적으로 하는 혁명의 수행이라기보다는 세계를 온통 뒤덮은 듯 보이는 자본주의 체제가 결코 정복할 수 없는, 즉 부르주아와 프롤레타리아트로 분할할 수 없는 존재/기억에 대한 끈질긴 추적의 수행이라고 생각했기에 그렇다.

따라서 주인과 노예 혹은 부르주아와 프롤레타리아트 양쪽으로부터 쫓겨난 샐러리맨이야말로 노동의 소외와 유적 존재의 심장부에 자리하는 인간 형상이다. 그것은 이중적 의미에서 그렇다. 한편에서 노동의 소외가 동물과 인간을 분할할 수 없게 하는 상태라면 프롤레타리아트와 마찬가지로 샐러리맨은 소외된 노동 속에서 산다. 다른 한편에서 유적 존재가 동물과 인간의 분할 자체를 뜻한다면 샐러리맨은 부르주아와 마찬가지로 스스로를 유적 존재로 착각하면서 살아간다. 즉 샐러리맨이 마르크스주의의 심장부에 자리하는 까닭은 이렇게 노동의 소외와 유적 존재라는 일견 상반된 상황과 규정이 사실은 식별할 수 없는 것임을 드러내기 때문이다. 벤야민이 크라카우어에게 본

변증법적 힘이란 바로 이런 것이었다. 그것은 진실과 허위, 선과 악, 진보와 퇴보가 식별할 수 없는 이미지를 현실의 한 조각으로 추출하는 일이었던 셈이다. 그래서 벤야민은 크라카우어에게 다음과 같은 찬사를 보내며 질투 어린 평문을 마무리했던 것이다.

> 홀로 일에 힘쓰는 그의 모습을 상상하면 아침 일찍 아직 어두울 때에 쓰레기를 줍는 한 사나이의 모습을 떠올리게 된다. 그 남자는 막대기로 연설의 부스러기나 언어의 단편을 찔러서는 뭐라 불평을 늘어놓으면서 반항적인 얼굴과 불편한 몸짓으로 손수레에 주워 담는다. 어떨 때는 '인간성'이나 '내명성'이나 '침잠' 같은 색 바랜 조각들을 조롱하면서 아침 바람에 흩날리고 있다. 이른 아침의 넝마주이. – 혁명의 날, 이른 아침에.[16]

자본-식민주의 비판의 가능성

벤야민과 크라카우어를 따라 노동의 소외와 유적 존재라는 개념을 되새김질해보면 인간이란 분할하면서 식별할 수 없는 (비)존재라는 변증법적 이미지와 조우하게 될 뿐이다. 그리고 현재 샐러리맨이라는 인간 형상이 패러다임이라 불릴 수 있을 만큼 지배적이라면 아마 현재는 마르크스가 국민경제학을 추적하면서 메모한 이중화, 즉 분할의 수행으로서의 인간이란 규정을 충실히 실현한 사회일 것이다. 동물과 인간, 부르주아와 프롤레타리아트, 주인과 노예, 일련의 이항 대립 사이를 분할함과 동시에 식별할 수 없게 만드는 존재가 바로 인간이며, 샐러리맨이란 그런 인간 형상을 재생산하면서 동시에 불가능하게 만드는 존재인 셈이다.

그런 까닭에 인간의 노동을 생각한다는 것은 다름 아닌 이 분할의 수행을 생각하는 일이다. 이 분할과 식별 불가능성을 말이다. 자본주의란 사람, 자연, 사물 사이에 이뤄지는 다양하고 복합적인 상호 행위를 노동이란 범주로 획일화하는 체제다. 그리고 이 체제는 물질을 넘어 비물질의 영역으로까지 이윤 추구를 무한대로 확장시킨다. 따라서 자본주의 비판을 위해서는 노동이 가치를 발생시켜 끊임없이 부를 생산한다는 노동가치설의 패러다임이 아니라 노동이란 범주를 통해 사람, 자연, 사물이 맺어온 관계를 이윤 창출이란 프레임 속으로 전유한 자본주의를 비판하는 일이다.

프롤로그에서 인용한 파농의 말을 참조하자면 원주민들은 땅과 사람이 공속한 세계의 주민들이다. 그 공속의 양상이 어떤 것인지 이제는 어렴풋한 기억과 흔적으로 감지할 수 있을 따름이지만 적어도 사람과 자연과 사물은 끊임없는 부의 재생산, 즉 끝없는 잉여 가치의 착취와 이윤 창출의 사슬로 배치되지 않았다. 오랫동안 인류학자들의 궁금증을 자아내게 했던 포틀래치potlatch를 상기해보자. 포틀래치를 통해 원주민들은 식량과 재화가 공속 세계의 한계를 넘어서는 사태를 방지하려 했다. 지금 집에 있는 냉동고를 열어보라. 언제 구매한 것인지, 왜 구매한 것인지, 어디에 쓸지 모를 식재료가 켜켜이 쌓여 있을 것이다. 포틀래치는 이런 사태를 방지하기 위한 공속 세계의 지혜다. 자본주의가 신용과 화폐를 매개로 냉동고 안 식량을 이윤 획득을 위한 자본으로 축적한다면, 포틀래치는 식량과 재화의 축적을 단호히 거부함으로써 타자와 자연과 미래를 담보 삼은 탐욕을 원천적으로 차단한 것이다.

　물론 포틀래치가 자본주의 극복의 대안이란 이야기는 아니다. 어디까지나 논점은 마르크스가 구상한 자본주의 비판, 즉 정치경제학 비판의 가능성을 다시 가늠하는 일이다. 그 가능성은 인간의 노동을 낭만화하여 도덕화하거나 계급의식에서 비롯될 프롤레타리아트혁명의 진리를 신봉하는 데에 결코 있지 않다. 정치경제학 비판의 가능성은 어디까지나 인간이라는 분할을 문제화하는 데에서 출발해야 한다. 그것은 동시에 노동이란 범주의 마술 같은 유혹을 단호히 차단하는 일이기도 하다. 인간을 유적 존재로서 제시한 마르크스의 가능성은 여기에 있다. 유적 존재가 논리학이라기보다는 변증법의 산물이라면 인간이란 무언가를 극복함과 동시에 그 무언가를 잔존시키는 존재다. 헤겔이 변증법적 운동의 핵심으로 지목한 지양(止揚, Aufheben)이 상승(揚)과 함께 존속(止)의 계기를 내포한 양가적 운동인 까닭이다.

　노동하는 인간은 자연을 대상화하여 재화를 생산하고 이용하여 끊임없이 부를 축적한다. 이 사슬은 자본-식민주의capital-colonialism의 체제로 전 지구를 석권하여 파농이 이야기한 사람과 땅 사이의 다양한 공속 관계를 유린하고 파괴했다. 하지만 정치경제학 비판의 가능성은 파괴된 공속 관계를 재생시키는 것이 아니다. 정치경제학 비판이 변증법적으로 전개되어야 하는 한, 즉 역사의 흐름을 거스르지 않으면서도(상승揚) 떠나온 과거를 되돌아봐야 하는(잔존止) 한 끊임없이 파괴되면서도 파편으로나마 흔적을 남기는 공속 관계를 끈질기게 추적하는 일이야말로 그 임무이기 때문이다. 따라서 재생이 아니라 지금도 수행되고 있으나 의미화되지 못하는 공속 관계의 수행이야말로 정치경제학 비판이 감지하고 재전유해야 할 과제다. 하지만 그것은 비자본주의적 삶을 낭만화하여 대안으로 제시하는 따위의 작업이 아니다. 공속 관계의 수행을 문제화하는 일은 철저히 무언가의 유린과 파괴로부터 비롯된 망각에 집착하는 일일 수밖에 없다. 즉 인간의 노동과 부의 축적이 무한 반복되는 한 잔존하고 존속할 수밖에 없는(유린되고 파괴된 채) 공속 관계를 절망적으로 감지하는 일인 셈이다.

아마도 끊임없이 반복되는 인간의 노동과 부의 축적이 유린하고 파괴한 채로 잔존-존속시킨 것의 목록은 일일이 열거하기 어려울 것이다. 모든 이가 스스로를 기계의 사양spec으로 가늠하는 시대에는 더더욱 말이다. 다만 사람이 아무리 자본주의 체제 아래 노동하는 인간으로 변증법적 변모를 이룬다 하더라도, 즉 보편적 인간과 추상적 노동이 사람, 자연, 사물 사이의 관계를 자본주의 체제로 획일화하더라도 사람이 저마다의 몸을 가지고 활동하는 존재임을 부정할 수는 없다. 자본-식민주의 비판은 이 사실에서 출발해야 하는 것 아닐까? 인권, 자유, 평등 등 근대 정치와 비판 문법을 주조해온 고귀하고 찬란한 이념이 아니라 사람이 매일 반복하고 있음에도 의미화의 문턱을 넘지 못하는 행위에서 말이다. 또한 그 행위를 의미화하지 못한다는 사실 자체가 인간이라는 분할이 반복하는 폭력임을 감지하는 일에서 말이다. 그랬을 때 자본-식민주의 비판은 사람, 자연, 사물 사이의 상호 행위라는, 최근 긴박하게 요청된 비판 이론의 과제를 떠안을 수 있을 것이다.

1　Walter Benjamin, "Ein Aussenseiter Macht Sich Bemerkbar"(1930), *Gesammelte Schriften III*, Suhrkamp Verlag, p.222.

2　앞의 책, 226쪽.

3　앞의 책, 220쪽.

4　이 단락에서 인용은 다음과 같다. 앞의 책, 220쪽.

5　Angestellten을 화이트칼라 중간 계층을 뜻하는 샐러리맨으로 번역하는 데에는 무리가 없다. 특히 샐러리맨이 원래 영어권이 아니라 일본에서 만들어진 '외래 일본어'임을 감안하면 이 번역이 단어 수준이 아니라 역사적 문맥에서 타당함을 알 수 있다. 샐러리맨이란 말은 1920년대 일본에서 널리 퍼진 말이며, 저널리즘과 아카데미아에서 새로이 등장한 사회계층을 지칭하는 용어로 통용되기 시작했기 때문이다.

6　샐러리맨의 원어는 영어 'salaryman'이 아니라 일본어 'サラリーマン'이다. 지금이야 'salaryman'은 영어권에서 사용되는 단어가 되었지만 원래 이 단어는 일본 태생의 '외래어'로, 일본의 화이트칼라 임금노동자를 지칭하는 고유 명사가 영어권에 역수입된 것이다. 『Die Angestellten』의 영역본 제목은 『The Salaried Masses』다.

7　青野季吉, 『サラリーマン恐怖時代』, 先進社, 1930, 9쪽.

8　바이마르공화국 시기 샐러리맨의 지위와 관련해서는 다음을 참조한다. 木村雅昭, 「ホワイト・カラー層の社会意識: 身分意識の歴史社会学的考察」, 『法学論叢』 116卷, 1~6号, 1985.

9　Siegfried Kracauer, *The Salaried Masses*, Quintin Hoare trans., Verso, 1994, p.42. 본문에서 이 책의 인용은 (S.M. 쪽수)로 표기한다.

10 영역본에서는 '세계관Weltanschaun'을 '이데올로기ideology'로 번역했다. 독일어 세계관의 뉘앙스와도 멀 뿐 아니라 여기서 논의 대상으로 삼는 세계관인 교양주의를 이데올로기로 간주하는 것은 적절하지 않다.

11 칼 맑스, 「1844년의 경제학 철학 초고」, 『칼 맑스 프리드리히 엥겔스 저작 선집』 1, 박종철출판사, 1991, 77쪽.

12 앞의 책, 79쪽.

13 앞의 책, 71쪽.

14 국민경제학은 19세기 독일의 역사학파를 지칭하는 용어로, 프랑스혁명 이후 계몽주의와 고전파 경제학에 대한 비판 위에서 성립한 조류다. 계몽주의와 고전파 경제학이 합리주의와 보편주의 위에서 발전했다면, 국민경제학, 즉 역사학파는 낭만주의의 영향 아래 독일 고유의 법/도덕 규범과 경제 관습에 주목하여 고유의 질서를 탐구하려 했다. 마르크스는 여기서 국민경제학을 대상으로 비판을 전개하며, 향후 스미스와 리카도를 정점으로 하는 정치경제학 일반에 대한 비판으로 나아간다.

15 발터 벤야민, 앞의 책, 220쪽.

16 앞의 책, 225쪽.

내 몸을 논하지 말라:

법의 불안, 신학의 곤혹, 그리고 철학의 여백에 대하여

법과 육체

1988년 프랑스의 어느 교도소에서 수감자가 자신의 손가락을 잘랐다. 스스로의 억울함을 법무장관에게 호소하려 손가락을 동봉하여 편지로 보내고자 한 것이다.[1] 물론 수감자의 시도는 실패로 끝났다. 그는 곧바로 병원으로 호송되었고 절단된 부위의 외과 조치를 받은 후 다시 교도소로 돌아와야만 했다. 이제 막 병원에서 출발하려 할 때 간호사가 한 유리병을 가져다주었다. 절단된 자신의 손가락을 보존 용액에 넣어 둔 것이었다. 그는 그 유리병을 간직한 채 교도소로 돌아왔고 다시 입소 절차를 거쳐야만 했다. 이때 수감자도 교도소 측도 어찌해야 할지 모르는 난감한 상황이 발생했다. 유리병을 어찌 처리해야 할지 아무도 명확한 답을 몰랐던 것이다.

통상 수감자는 입소 절차에 따라 자신의 소유물을 교도소에 보관

하고 맨몸으로 수감된다. 교도소 측은 이 규칙에 따라 유리병이 수감자의 소유물이므로 교도소 측에서 보관해야 된다고 주장했다. 하지만 수감자는 이 손가락은 자신의 몸이므로 감방에 가지고 들어가야 한다고 주장했다. 수감자는 교도소 측의 주장에 따를 수밖에 없었지만 즉시 소송을 건다. 수감자는 절단된 손가락이더라도 한 개인의 육체로 간주되어야 하며, 육체는 인격person과 자기 동일성의 관계를 맺기에 손가락은 반드시 자신이 가지고 있어야 한다고 주장했다. 하지만 교도소 측은 유리병에 든 절단된 손가락은 육체의 일부로 간주될 수 없기에 수감자가 소유할 수 없다고 주장했다. 긴 소송 끝에 사법부는 교도소 측의 손을 들어주었다. 수감자는 의류 등 여타 소유물과 마찬가지로 절단된 손가락을 출소할 때까지 교도소 측의 관리 아래에 맡겨야만 했다.

쟁점은 어느 쪽의 주장이 타당한지를 가늠하는 것이 아니다. 물음은 원리적인 곳에 던져진다. 과연 절단된 육체는 자연적 인격 자체를 구성하는 육체의 일부분일까, 아니면 인격체의 소유물일까? 적어도 근대의 법 체계에서 개인의 육체는 소유물이 아니다. 만약 소유물이라면 내 몸을 양도할 수도 매도할 수도 있을 터인데 그것은 이른바 '인신매매'로 노예제 폐지 이후 엄격히 금지되었다. 이 경우 육체는 엄연히 인격과 자기 동일성의 관계에 있다. 그런데 앞의 사례에서 육체는 소유물로 간주되었다. 절단되었을지라도 자기 육체의 일부분임이 틀림없는데도 말이다. 다시 말하지만 문제는 어느 쪽이 합리적이고 합법적인지를 따지는 일이 아니다. 인격과 소유물res, 이 법 체계의 최소 단위 사이에서 육체는 제자리를 못 찾은 채 부유한다는 사실을 확인하면 충분하다.

구원과 육체의 부활

아감벤은 『열림』이란 결정적으로 중요한 소품에서 인간을 인간으로 정의해온 '장치dispositif'를 '인류학적 기계anthropological machine'라 개념화하면서 하나의 계보학을 제시한다.[2] 코제브Alexandre Kojève와 바타유Georges Bataille의 대립을 거쳐 카발라와 그노시스와 중세 신학으로 옮겨 가며, 아감벤은 인간과 동물 사이의 분할을 메시아니즘과 역사철학의 맥락에서 문제화한다. 그런 가운데 다음과 같은 중세 신학자들의 물음이 현재적인 것으로 재전유된다.

> 부활한 육체의 완전성과 성질을 다룬 중세의 논고들을 읽는 일은 각별히 시사하는 바가 크다. 교부들이 직면할 수밖에 없는 문제는 부활한 육체와 살아 있는 인간의 육체 사이의 동일성이라는 문제였다. 실제 이 동일성이 의미하는 바는 죽은 자의 육체에 속했던 모든 물질이 부활하여 은총 받은 부분들로 다시 되돌아옴을 함의한 것 같다. 그러나 여기서 여러 가지 곤란한 문제가 제기된다. 가령 나중에 회개하여 속죄한 강도의 손이 절단되었던 것이라면 부활할 때는 이 손이 원래대로 돌아오는 것인가? 또한 아퀴나스가 제기했듯 이브의 육체를 만들 때 재료로 쓰인 아담의 늑골은 이브의 육체로 부활하는가, 아담의 늑골로 부활하는가? (…) 따라서 부활한 육체의 동일성과 완전성의 문제는 바로 은총 받은 생명의 생리학이 된다. 천국에 사는 육체의 생명 기능을 어떻게 생각해야 할까?(T.O. 17~18쪽)

중세 신학자들은 이 물음 앞에서 우왕좌왕한다. 우선 천국의 육체는 아담과 이브가 타락하기 전의 육체이기에 생식과 섭생이 지상의 육체와 전혀 다르다는 주장이 제기되었다. 그러나 문제가 해결되기는커녕 더 큰 문제가 생긴다. 죽음을 모르는 천국의 육체가 한도 끝도 없이 먹고 번식한 끝에 천국이 포화 상태가 된다는 주장에서 여기저기 싸질러놓은 배설물들 때문에 천국은 오물과 악취로 가득 찰 것이라는 비아냥까지 등장하게 된 것이다. 아퀴나스Thomas Aquinas는 이런 난점에 답하여 "육욕과 음식물을 천국에서 배제해야"(T.O. 19쪽) 한다고 단호히 주장했다. 부활은 인간의 자연적 생명(육체)이 아니라 관조적 삶(영혼)이라는 궁극의 완성을 위해 있는 것이라고 말이다. 그렇다면 왜 육체는 부활하는 것일까? 천국에는 식물도 동물도 없어야 하는데도 왜 육체가 부활해야 하는 것일까? 이 육체 아닌 육체란 과연 무엇일까?

명증한 나의 육체?

"육체 문제는 자기 육체body proper라는 현상학적 원리에 따라 영원히 궤도를 일탈한 채 올바르게 다뤄질correct posing 수 없었다."[3] 아감벤은 후설Edmund Husserl이 '다른 누구의 것도 아닌 나의 육체meines und keines andern Leibes'를 더할 나위 없이 본질적이고 근원적인 통각apperception이라 규정한 것을 두고 이렇게 비판한다. 그러면서 그는 후설의 육체 규정에 내장된 몇 가지 아포리아를 적출한다. 우선 타인의 육체가 문제시된다. 어떤 이가 타인의 손을 만질 때 그/그녀는 어떻게 타인의 손이 돌이나 플라스틱과 다른 '타인의 육체'임을 지각할 수 있을까? 육체가 근원적으로 '나의 육체'라면 내가 만지는 '타인의 육체'는 어떻게 육체인가? "타인의 손과 내 손이 원래 함께 주어져 있고 그 다음에 차이가 생겨난다고 생각하지 못할 이유가 무엇인가?"(U.B. 82쪽) 즉 육체가 근원적으로 '나의 것'이란 통각은 전혀 명증하지 않은 셈이다.

다음으로는 감정이입의 문제가 있다. 곡예사가 외줄타기를 할 때 나는 줄에서 떨어지지 않을까 온몸을 떨며 긴장과 공포에 휩싸인다. 만약 육체와 감각이 내 것이라면 이 감정이입은 무엇일까? 육체와 감각이 내 것이라면 감정이입이란 그렇게 명증한 '나'와 다른 '나'를 구성하여 둘 사이에 일치가 생기는 일이라 설명될 수 있다('나'의 육체와 감각은 독아론적으로 완결된 존재일 것이기에 그렇다). 그러나 후설은 스스로 이렇게 말한다. "나의 감각 통일이란 외부의 다양성이 나의 다양성과 분리되지 않는 한 저절로 eo ipso 내가 감정이입을 한 것과 동일한 감각 통일인 것이다."(U.B. 83쪽) 여기서 후설은 육체와 감각이 나에게 고유하다는 스스로의 주장을 배반한다. 감정이입이란 독아론적으로 solipsistically 완결된 나의 육체와 지각이 스스로와 분리된 외부의 육체와 지각을 추론이나 유비를 통해 동일화하는 것이 아니라 외부의 다양한 세계와 분리될 수 없는 나의 육체와 지각이 '저절로' 느끼는 것이라 말하기에 그렇다. 여기서 후설은 '다른 누구의 것도 아닌 나의 육체'라는 스스로의 공리에 내장된 아포리아를 자기 고백하는 것이다. '사태 Sache 자체로'를 모토로 하여 출발한 후설의 웅장한 철학 체계는 이렇게 육체를 앞에 두고 우왕좌왕한다. 훗날 메를로퐁티 Maurice Merleau-Ponty가 다시 한번 육체를 근원적 지각의 영역으로 재전유하려 했을 때 문제는 여전히 남겨진 채였다. 그는 육체를 현상학적 환원이 회색 지대로 접어드는 임계 영역으로 간주할 수밖에 없었기 때문이다.

이렇듯 칸트가 '나'라는 인식론적 주관을 설정한 이후 육체란 언제나 '나'(그것이 현상학적으로 반성된 주관일지라도)와 불화를 일으키는 곤란한 살덩어리가 된다. 육체를 감각, 지각, 통각이란 식으로 현상학적 반성을 통해 분절하여 철학과 화해하려는 시도는 언제나 '나'라는 통일적 주관 때문에 좌절하고 만다. '나'와 달리 육체란 언제나 '접촉'하는/당하는 것이기에, 즉 단속斷續적으로 세계와 연결되었기에 그렇다. 인식론에서 현상학까지 근대 철학에서 육체의 자리는 이렇게 여백으로 남아 있다. "주체는 한편에서 그/그녀의 육체에 가차 없이 위탁되어consigned 있으면서도, 다른 한편에서 육체를 결코inexorably 떠맡을 assuming 수 없다."(U.B. 84쪽)

육체의 유폐

법, 신학, 철학은 모두 각각의 고유한 개념 분절 체계articulation system of concepts 속에 육체의 자리를 마련하는 데 어려움을 겪었다. 인격(소유자)과 사물(소유물)로 삼라만상을 분절함으로써 촘촘한 규범 체계를 만든 법도, 죄지음과 구원 혹은 현세와 내세라는 분절 체계 속에서 육체를 요청하면서도 추방할 수밖에 없었던 신학도, 주관과 객관의 분절을 통해 지성의 질서 잡힌 활동을 기초 지으려 했던 철학도 모두 육체라는 이 번거로운 실체를 스스로의 개념 분절 체계 속으로 욱여넣으려 했지만 번번이 좌절을 겪고 말았다.

문제는 이것이 단순한 담론의 실패를 초과하는 귀결을 낳았다는 점이다. 푸코가 밝혔듯 담론의 실패는 육체를 어디론가 어두침침한 영역으로 밀어 넣어 '공적 장소'에도 '사적 공간'에도 등장하지 못하게 만들었기 때문이다. 다시 말해 육체는 법-권리로 구성될 정치의 공간에도, 일상의 올바름을 지도하는 도덕적 탁월함의 덕목에도, 세계를 올바르게 전유하는 앎의 절차에도 등장해서는 안 된다. 그저 질병에 사로잡히거나 짐승의 우리 안에 있거나 은밀한 성적 일탈을 일삼거나 감시와 처벌의 대상이 되어야만 했다. 육체는 언제나 어둡고 습한 공간에서 그로테스크한 형상으로 은폐된 채 유폐되어야만 했다.

그렇기에 이 담론의 실패 혹은 좌절은 정치적이다. 정치가 공(폴리스)/사(오이코스)의 구분에 기초한 인간 행위(아리스토텔레스/아렌트)라 할 때 헤겔적 의미에서 육체는 두 영역에서 소외되기에(시민과 노예/여성 모두 육체를 온전한 것으로 전유할 수 없다. 아니 육체의 온전함이란 이 소외를 부정적으로 전유하는 한에서 상상할 수 있다.) 육체를 사적 영역이라기보다는 공/사 너머의 어딘가로 유폐하기 때문이다. 또한 정치가 동류의 인간 집단 사이에서 이뤄지는 적과 동지 사이의 물리적 대립이라 할 때(슈미트) 개인의 육체가 훼손된다고 해도 인간 집단의 존속과는 관련없기에 정치는 애초에 인간에게서 육체를 배제한 위에서 성립되기 때문이다. 그런 의미에서 육체란 정치가 성립할 수 있는 부정적 구성 요인이다. 육체와 함께 살아 숨 쉬며 행위하는 인간이란 정치의 장에서는 상상될 수 없다. 정치적 동물인 인간(아리스토텔레스)에게 철저하게 육체는 결여되어 있다. 아니 오히려 그런 정치적 동물을 괄호 친 한에서 육체란 육체 자체로서 전유될 수 있다고 말해야 하는지도 모른다. 즉 육체란 인간-정치를 구성적 관계로 사념해온 역사를 멈추는 한에서 사고의 문턱을 넘는 무언가인 셈이다.

"생명정치적 육체를 생산하는"⁴ 주권 권력을 탐구해온 '호모 사케르' 시리즈가 플라톤-아리스토텔레스, 로마법, 카발라-그노시스, 중세 신학, 생리학, 민속학-인류학, 방브니스트, 하이데거, 슈미트, 벤야민 등 열거하기에도 벅찬 잡다한 계보의 탐사가 된 까닭이 여기에 있다. 법, 신학, 철학이 육체를 유폐해야만 인간-정치가 열릴 수 있었다면 이 육체를 탐사하지 않고 주권 권력을 이해할 수는 없기 때문이다. 그래서 "희생물로 바칠 수는 없지만 죽여도 되는 생명"(H.S. 175쪽)인 호모 사케르는 인간-정치가 그 유폐 위에서 성립하는 육체에 붙여진 이름이자 형상이다. 이 육체는 실체substance나 전제presupposition가 아니라 패러다임이다. "패러다임paradeimata, example이 스스로의 경험적 소여성을 비활성화함으로써 다른 개별자singularity를 알 수 있게 하는 개별적 요소"(U.B. 259쪽)라면, 패러다임으로서의 호모 사케르는 경험 세계에서 퇴각함으로써 인간-정치를 구성해온 개별 요소(주권, 예외상태, 언어 활동, 수용소, 법 권리, 국가, 역사 등)를 생각할 수 있게 한다. 유폐된 육체는 그 자체로 하나의 패러다임인 셈이다.

그래서 패러다임으로서의 육체는 서구의 인간-정치 속에서 만질 수 있고 훼손할 수 있는 감각적 실체도 아니고 지식과 권력의 존립 근거가 되는 전제도 아니다. 오히려 이 육체는 그런 실체와 전제의 효과로서 산출되는 패러다임이다. 이 패러다임 없이 서구 인간-정치의 '심오한 비밀arcanum'은 밝혀질 수 없다. 그래서 법, 신학, 철학은 육체를 적절히 전유할 수 없기에 곤혹이나 당혹을 느껴 실패한 것이 아니다. 오히려 사태는 거꾸로다. 법, 신학, 철학이 인간-정치의 성립을 위해 작동해온 담론 체계라면, 육체의 유폐야말로 이 담론들의 성립 조건이다. 육체를 전유하지 않는 한에서 이 담론들이 인간-정치를 지금까지 작동시키고 유지한 것이다. '호모 사케르' 시리즈는 이 작동과 유지에 관한 계보학이자 고고학이다. 그것은 육체를 유폐함으로써 다뤄온 전략의 총체(계보학)이며, 유폐된 육체의 잔여물이 켜켜이 쌓인 지층의 탐사(고고학)라 할 수 있다. 인간과 가장 가까이 있으면서도 스스로의 존립을 위해서는 유폐해야만 하는 육체, '인간-되기 anthropogenesis'란 이를 위해 다층적 장치를 작동하게 한 역사적 과정이었다.

아감벤의 임무

아감벤이 제시하는 몇 가지 임무가 있다.

> [하이데거가 폴리스의 가능성을 여전히 믿었던 때부터 70년이 지난] 오늘날 어지간히 불성실한 사람 아니고서는 인간이 떠맡아야 할 역사적 임무 혹은 그저 인간에게 할당된 역사적 임무조차도 이제 존재할 수 없음은 명백한 사실이다. (…) 이제 인간은 스스로의 역사적 목표에 도달했고, 다시 동물이 된 인간에게는 무조건적 오이코노미아의 전개나 생물학적 생명 자체를 최고의 정치적(아니 비정치적) 임무로 떠맡는 일을 통해 인간 사회를 탈정치화하는 것 외에는 아무것도 남지 않았다. (…) 전통적인 역사적 잠재력들—시, 종교, 철학—은 헤겔/코제브와 하이데거의 관점에서 사람들의 역사-정치적 운명이 깨어 있도록 만든 것이었다. 하지만 이 모든 것은 문화적 구경거리나 사적 경험으로 전락한 지 오래이며 역사적 의미를 모두 잃

어버렸다. 이렇듯 기울어가는 시대에 모종의 심각함을 지니는 것으로 보이는 유일한 임무는 생물학적 생명, 즉 인간의 동물성을 책무로 떠안는 일뿐이다. 게놈, 글로벌 경제, 그리고 인도주의humanitarian라는 이데올로기는 이 과정의 세 가지 통합된 국면이다. 그 안에서 역사 이후를 사는 인간은 마지막이자 탈정치화된 임무의 형태로 자기 고유의 생리학physiology을 떠안는다.(T.O. 76~77쪽)

인간의 일the work of man은 식물적 생명과 감각적 생명을 모두 배제함으로써 규정되어 완성된다. (…) 이것이 아리스토텔레스의 사고가 서양의 정치에 남긴 유산이다. 이 유산이 아포리아를 포함하는 데에는 두 가지 이유가 있다. 1) 이 유산은 정치의 운명을 하나의 일work에 연결한다. 그 일은 인간의 개별 활동(키타라 연주, 조각, 구두 만들기)에 할당될 수 없다. 2) 생명zoe의 분할과 분절화에 기대는 이상 정치의 유일한 규정은 결국 생명정치적 규정이다. 인간이 인간으로서 갖는 일인 정치적인 것은 생명체의 일로서 포착되지만 그것은 생명 활동의 일부분을 비정치적인 것으로서 배제하는 것을 통해 이뤄진다. 그 결과 서양의 정치는 근대에 들어 인민 혹은 국민이 특정한 역사적 임무(일)를 집단으로서 짊어져야 한다고 간주되어왔다. 그 정치적 임무는 특정한 형이상학적 임무와 일치했으며, 그것은 이성적 생물체로서의 인간의 실현이다. (…) 제1차 세계대전이 끝나자 일의 패러다임은 위기를 맞이하여 할당될 역사적 임무 따위는 이제 없다는 사실이 유럽의 국민국가에는 명백해졌다. (…) 새로운 '인간의 일'을 정의하지 못하는 상황 속에서 이제 생물학적 생명 자체를 최종적이고 결정적인 역사적 임무로서 받아들이는 것이 문제가 되었다. (…) 오늘날 생명정치적 임무를 받아들이는 것으로 타락하지 않는, 인간의 일 없음 absence of work, inactivity에 어울리는 정치는 있을 수 있는가?[5]

소련 공산당이 몰락하고 민주주의-자본주의 국가가 전 지구에 걸쳐 공공연히 군림하게 되면서 우리 시대에 걸맞은 정치철학의 부활을 가로막았던 두 가지 주요 이데올로기적 장애물(스탈린주의와 진보주의/입헌국가)이 사라졌다. 그리하여 사유는 오늘날 어떤 환영도 어떤 가능한 알리바이도 없이 자신의 임무와 처음으로 마주하게 된다.[6]

[플라톤이 진실로 논해야 할 문제로 삼은 '그 자체 thing itself, to pragma auto'는] 모든 전제를 넘어선 곳에 있는 궁극의 전제로 찾을 수 있는 것이 아니다. 혹은 모든 주제를 넘어선 궁극의 절대적 주체나 불투명함 속에 냉혹하게 하지만 행복하게 내던져진 주체 따위도 아니다. 이런 언어 활동과 관계없는 것, 비언어적인 것을 사실 우리는 언어 활동 속에서만 생각할 수 있고, 사물과 관계를 전혀 갖지 않는 언어 활동이라는 이데아로서만 생각한다. 이런 것은 스피노자가 말한 의미에서의 키마이라, 즉 순수하게 언어로 구성된 것이다. '그 자체'는 어떤 특정한 것이 아니다. '그 자체'란 말할 수 있다는 가능성 자체, 언어 활동에서 문제가 되는 열림, 언어 활동이라는 열림이지만 우리는 이것을 언어 활동 속에서 언제나 전제함으로써 망각한

다. 그것은 '그 자체'란 것이 항상 망각/유폐이기 때문일지도 모른다. (…) '그 자체'를 언어 활동 속의 자기 자리로 되돌리는 것 (…) 그것이 도래할 철학의 임무다.[7]

인간이 떠안아야 할 역사적 임무가 헤겔-코제브의 것이든, 하이데거의 것이든 20세기 후반에 종말을 맞이했다. 아니 하이데거가 여전히 폴리스의 가능성을 믿었던[8] 제1차 세계대전 후 1920~1930년대 유럽에서 그런 역사적 임무는 파탄을 맞이했다. 그 뒤 제국주의, 자본주의, 사회주의의 이데올로기와 실질적 지배에서 명백해진 것은 인간이 스스로의 동물성을 극복하면서(배제하면서) 인간이 되는 '인간-되기' 과정이 아니라 인간이 다시금 '그저 사는 mere living' 동물적 존재가 되었다는 사실이며, 국가를 위시한 권력과 제도들의 유일한 목표(임무)가 이 '벌거벗은 생명 bare life'의 존속(혹은 말살)이 되었다는 사실이다.

이에 대항하는 세 가지 임무가 있다. 바로 "오늘날 생명정치적 임무를 받아들이는 것으로 타락하지 않는, 인간의 일 없음에 어울리는 정치", "어떤 환영도 어떤 가능한 알리바이도 없이" 사유해야 하는 임무, 그리고 "'그 자체'를 언어 활동 속의 자기 자리로 되돌리는 것 (…) 그것이 도래할 철학의 임무"다. 결국 인간, 정치, 언어를 '육체의 유폐'와는 다른 양상으로 구성하는 일이 아감벤이 설정한 도래할 사유의 임무다.

사용과 육체의 분절

'삶-의-형식 form-of-life'은 아감벤이 제시하는 임무를 떠안아야 할 인간

삶의 형상이다. '호모 사케르' 시리즈의 마지막을 장식하는 『육체의 사용』에서는 여기에 많은 부분을 할애한다. 그것은 우선 '사용Chresis', '중동태middle voice', '도구인causa instrumentalis', '양태적 존재론modal ontology', '스타일의 존재론', '탈구성적 잠재성Destituent Potential' 등으로 타진된다. 이 모든 것은 인간-정치를 가능하게 해온 여러 장치를 비활성화하는 것을 내용으로 삼는다. 우선 '사용'은 '소유' 혹은 '작용work, operasita'에 대치되면서 인간-육체의 망실된 전유 방식을 되살린다. 이때 사용은 타동사적 '쓰임'이 아니다. 오히려 사용은 작용 주체와 작용 객체가 하나가 되는 '중동태'의 관계를 맺는다. 가령 'se ambulationi dare, to give onself over to a walk'(U.B. 29쪽) 같은 표현에서 "스스로를 산책에 준다."가 중동태의 예다. 이것은 "산책하다walk onself"와 같은 표현으로 현대에 전해진다. 이때 산책은 내 다리를 하나의 분리된 기관으로 삼아 움직이는 동작이 아니다. 산책은 스스로의 다리를 움직이면서 앞으로 나아가는, 즉 움직이는 주체와 대상이 분리될 수 없는 철저하게 자기 내재적 동작이다. 이것이 바로 중동태이며, 사용이란 이렇게 자기와 자기 자신 혹은 타자와의 관계를 내재적으로 만드는 작동인 셈이다.[9]

그리고 중동태는 고대 그리스 스토아학파의 "자기의 사용oikeiosis (자기 사신에게 가까이히기)"과 맞닿아 있다.(U.B. 49쪽) 스토아학파의 학설에 따르면 자연상태의 동물은 자기 몸의 구성을 익히면서 기능적으로 분절한다. 즉 사지의 기능이 미리 생득적으로 알려지는 것이 아니라 사지를 움직이며 서서히 익숙해지면서 기능을 분리한다는 것이다. 이것을 스토아학파는 '자기 자신에게 가까이하기'로 불렀다. 사용은 이렇게 자기 육체를 자기에게 가까이 두다. 아무런 사전적 매뉴얼

없이 움직이면서 육체는 자기와 관계를 맺는 것이다. 그런 의미에서 '사용=크레시스'란 육체적 분절(육체가 육체로서 성립하는 일)의 수행이며, "크레스타이란 동사의 의미는 행사의 행위 자체 속에 행위에 내재하는 기쁨으로 산출된다."(U.B. 51쪽) 즉 '주체-목적'이 미리 전제되었다기보다는 사용이라는 분절-수행 속에서 주체와 대상과 목적이 분화되는 수행적 과정이 바로 '크레시스=사용'인 셈이다.

"존재는 그 근원적 형태에서 실체(우시아)가 아니라 자기의 사용이며, 현실 존재로서 실현되는 것이 아니라 사용 속에 살고 있다."(U.B. 56쪽) 이제 존재, 즉 무언가가 있음은 이런 중동태적 과정 속에서 파악된다. 이제 존재를 잠재성과 현실태로 나누어 전자가 후자 속에서 소멸되는 것으로 보는 것이 아니라 "사용 상태에 있음을 현실태가 됨으로부터 구분하여 생각하는 일, 그리고 동시에 그것을 습관의 차원으로, 단 습관적 사용으로서 나타나는 한에서, 따라서 언제나 사용 속에 머무는 한에서 어떤 시점에 현세화된 것으로 이행하여 작동의 대상이 되는 가능태를 전제하는 일 없이 습관의 차원으로 사용을 되돌리는 일이 필요하다."(U.B. 58쪽)

이 익숙한 사용(습관적 사용)이란 결국 앞에서 말한 가까이 있음, 몸을 움직이면서 부분의 쓰임새를 아는, 쓰임새에 따라 몸을 움직이는 것이 아니라 몸을 쓰면서 몸을 분절하는 상태를 말한다. 그것이 아감벤이 강조해온 제스쳐라 할 수 있다.

도구-수단 고유의 존재 증명

이 맥락에서 도구가 개시하는 망실된 존재의 차원도 되살아난다. 하이데거에 따르면 도구Zeug는 실제 생활에서 언제나 "~을 위해um zu" 연관으로 실존한다. 그것은 자기에게 적절하게 본래적으로 존재할 수 없고 무언가를 위해 존재하기에 항시 이용 가능성Dienstlichkeit이나 봉사Dienst라는 관념 아래에서 생각되어왔다.

그러나 하이데거는 『예술작품의 근원』에서 농부의 '장화'라는 도구를 신뢰성Verlaesslichkeit으로 파악하며, 도구성/이용 가능성 이상의 성격을 부여한다. 그 신뢰성이란 세계의 열림을 경험하게 하는 매개로서 믿음직한 것이다. "인간에게 그의 세계를 열어주는 도구는, 그러나 언제나 다시 도구성과 봉사 가능성으로 타락할 위험을 내포한다. 하지만 그럼에도 '여러 사용물이 자신의 권태롭고 뻔뻔한 일상성'을 빚지는 이 도구의 퇴폐는 여전히 '그 근원적 본질에 대한 하나의 증언'(퇴폐한 형태/비본래적 형식의 탈각 외에 아무것도 아닌 근원적 본질)임은 변하지 않는다."(U.B. 67쪽) 결국 도구란 도구성/신뢰성의 양면적 성격을 갖는다. 전자는 도구의 존재성이 다른 목적 속으로 소멸되는 반면, 후자는 도구가 세계를 열어주는 매개가 되는 본래적 자기 존재를 현시하는 것이다. 후자는 전자로부터의 탈각으로만 현존재를 세계와 이어주는 매개가 될 수 있다. 다시 말해 도구 고유의 존재성을 현시할 수 있는 것이다. 그렇기에 도구의 본래적 성격은 미리 전제할 수 있는 규범 혹은 기능이 아니다. 그것은 수단-목적으로 분절된 생산 과정 속에서 망실될 수밖에 없는 무언가다. 즉 도구의 본래적 성격이란 사용을 통해 드러남과 동시에 망실되는 셈이다. (따라서 이에 천착하는 일은 자본-식민주의 비판의 임무, 즉 파괴되고 유린된 존재의 흔적을 끈질기게 추적하는 임무와 중첩되는 과제라 할 수 있다.)

하지만 이런 도구의 본래적 성격을 중세 신학자들은 '도구인causa instrumentalis'의 차원에서 실체적으로 포착했다. 아리스토텔레스에게 원인causa이란 "무언가를 비존재로부터 존재로 만드는 것"을 뜻한다. 이는 그리스인이 포이에시스라 불렀던 것의 한 형태다. 아리스토텔레스는 이를 네 가지로 나눈다. 질료인causa materialis, 형식인formalis, 목적인finalis, 작용인efficiens이다. 질료인은 재료를, 형식인은 설계도를, 목적인은 최종 형태를, 작용인은 그것을 만드는 생산 행위를 뜻한다. 여기에 '도구'의 자리는 없다. 전통적으로 도구는 작용인 속에 융해되어 이해되었기 때문이다.

그러나 13세기 중세 신학자들은 도구를 하나의 단독적 원인으로 삼았다causa instrumentalis. 가령 침대를 만들 때 목수가 드는 도끼는 목수의 의도(목적)에 따라 사용되지만 도끼는 어디까지나 '자른다'는 자기 고유의 기능으로 사용된다. 즉 다른 목적에 봉사하지만 어디까지나 자기 본질을 실현(자르다)하면서 다른 목적에 봉사하는 것이다.(U.B. 71~72쪽) 여기서 중세 신학자들은 다섯 번째 원인을 추가한다. 도끼의 자기 기능을 하나의 원인으로 설정하는 것이다. 그들이 그렇게 한 까닭은 바로 '성화sacraments'를 설명하기 위해서였다.

성화는 신의 은총을 하사하는 것이다. 그것은 신으로부터 비롯된다. 여기서 '성수'는 '씻는다'는 자기 본성에 충실함으로써 신의 은총을 하사(다른 목적)하는 데에 봉사한다. 물이 신의 오이코노미아에 따라 작동하는 셈이다. 또한 사제라는 살아 있는 도구가 있다. 사제도 결국 자기 직무를 다함으로써 '도구적으로' 은총에 봉사한다. 궁극적으로 이 학설은 예수에 가닿을 수밖에 없다. "성화 속에서 중요한 원인으로 활동하는 예수도 육체를 가지는 구원의 도구적 원인이지 주요 원인이 아니다."(U.B. 72쪽) 여기서 예수는 신 자체가 아니라 신의 오이코노미아를 실현하는 하나의 도구가 된다. 그러나 그것은 그저 도구인 것이 아니라 고유의 기능을 갖는다. 삼위일체로 분절된 하나의 위격으로서 말이다. 중세 신학자들이 도구를 다섯 번째 원인으로 삼을 수밖에 없었던 까닭이 여기서 명백해진다. 그들은 예수의 육체라는 문제를 풀기 위해 고심한 것이다. 예수가 신의 구원의 오이코노미아를 실현하는 하나의 도구라면 예수는 신이 아니라 그저 도구가 된다. 하지만 예수는 신과 본질에서 동일한 위격hypostasis이다. 그렇기에 본질을 훼손하지 않고 예수의 고유성을 살리기 위해 중세 신학자들은 도구를 하나의 원인으로 주조할 수밖에 없었던 것이다.

예수의 육체는 이렇게 본질과 구분되면서도 무위의 주권자(신)를 배제하면서, 포함하는 장치에 포획되지 않으면서(『왕국과 영광』) 스스로의 실존을 보장 받는다. 아마도 아감벤에게 예수의 육체는 '삶-의-형식'을 사고하는 데에 가장 핵심적 과제였을 것이다. 직접적으로 정면에서 논하지 않았지만 유폐된 육체를 탈구축할 수 있는 가능성은 예수의 육체를 어떻게 사유할 것인가와 밀접한 관계를 갖는다. 헤겔이 제시한 예수론을 넘어 순수한 수단(도구)으로서의 예수의 육체를 되살리는 일이 아감벤이 생각하는 메시아니즘의 중요한 한 국면이다.

내 몸을 논하지 말라

이후 아감벤은 후반부에서 다양한 사례를 검토하면서 '삶-의-형식'의 구체적 형상들을 제시하려 한다. 하지만 아감벤의 필치는 이 지점에서 피로감에 휩싸인 듯 보인다. 그도 그럴 것이 아감벤이 가까스로 찾아 모은 삶-의-형식은 모두 위태롭거나 실패한 것 투성이기 때문이다. 분열증 환자, 위약한 퀴어 집단, 광기에 사로잡힌 근대 예술가들, 분리를 극복하기 위해 경계를 실천하다 스스로 삶을 마감한 드보르Guy Ernest Debord까지 이들의 삶-의-형식은 마치 언어 활동의 위약한 존재처럼 포착하기가, 그 존재에 적절한 지위를 부여하기가 매우 곤란했을 터다. 그렇게 위약하고 불가능하고 존재의 문턱에서 스러지기에 삶-의-형식은 스스로의 동물 됨을 배제하면서 포함(전제)해야 하는 저 오래되고 견고한 인간-되기의 작동을 멈출 수 있다. 그렇지 않은가. 그것은 언어가 지시하면서 전제하는 대상도 아니고, 그 대상의 설명/진술 속에서 소멸하는 언어 '그 자체' 같은 것이기 때문이다. 그래서 내 몸을 논하지 말라. 내 몸은 움직이면서 내가 되는 움직임 자체이며, 그런 한에서 주체와 객체의 접촉이 아니라 접촉 '그 자체'다. 안과 바깥을 오가며 공간에 속하는 객체가 아니라 안과 바깥이 그 위에서 분리되는 '표면'이다. 예수의 육체는 신의 본질을 분유하는(배제하면서 포함하는) 도구가 아니라 그 자체의 움직임과 말함이 구원이 되는 순수한 수단이다. 그렇게 접촉, 표면, 언어 활동, 움직임 자체이기에 육체는 논할 수 없고 표상할 수 없다. 그것은 그저 저 인간학적이고 존재론적인 장치가 멈췄을 때 가까스로 희미하게 가까이에 있을 수 있는, 그러면서도 가장 익숙한 몸짓이며, 나에게서 벗어나면서 나인 채로 있는 실존이기에 그렇다.

그리고 이것이야말로 파농이 말한 사람, 자연, 사물 사이의 공속 관계다. 자본-식민주의가 인간을 출현시킨 이래 철저하게 유린되고 파괴된 저 상호 행위의 세계 말이다. 아감벤은 이 폭력의 계보를 시공간적으로 더 길고 깊고 넓은 차원에서 재검토한 것이다. 호모 사케르로 형상화된 육체의 유폐는 결국 자본-식민주의가 존립해온 권력 작동의 근원을 감지하게 해주는 비판의 길잡이였다. 그 길을 따라 인간의 출현을 내전과 위생이란 폭력으로 재전유하는 일, 아감벤이 제시한 임무는 그렇듯 자본-식민주의 비판이란 과제와 중첩되는 것이다. 내 몸과 내가 공속하기 위해 저 길고 깊고 넓은 차원에서 자행된 폭력을 경유해야 하는 운명, 자본-식민주의 체제에 내던져진 사람과 세계의 비참은 바로 그 번거로움일지도 모른다.

1   Jean-Pierre Baud, *L'affaire de la main volée: Une histoire juridique du corps*, Seuil, 1993. 『도둑맞은 손: 살아 있지만 인격의 일부라고 말할 수 없는 인간적인 어떤 것에 대한 법적 탐구』, 김현경 옮김, 이음, 2019.

2   Giorgio Agamben, *The Open: Man and Animal*, Kevin Attell trans., Stanford UP, 2004. 본문에서 이 책의 인용은 (T.O. 쪽수)로 표기한다.

3   Giorgio Agamben, *The Use of Bodies*, Adam Kotsko trans., Stanford UP, 2016, p.82. 본문에서 이 책의 인용은 (U.B. 쪽수)로 표기한다.

4   조르조 아감벤, 『호모 사케르』, 박진우 옮김, 새물결, 2008, 42쪽. 본문에서 이 책의 인용은 (H.S. 쪽수)로 표기한다.

5   Giorgio Agamben, "The work of man"(2004), *Giorgio Agamben: Sovereignty and Life*, Matthew Calarco & Steven DeCaroli eds., Stanford UP, 2007, pp.5~6, p.10.

6   조르조 아감벤, 「정치에 관한 노트」(1992), 『목적 없는 수단』, 김상운·양창렬 옮김, 난장, 2009, 120쪽.

7   Giorgio Agamben, "The Thing Itself"(1984), *Potentialities*, Daniel Heller Roazen trans., Stanford UP, p.35, p.38.

8   "하이데거는 아마도 진심으로 폴리스라는 장소가 여전히 유효하다고 믿은 마지막 철학자다. 폴리스 안에서 은폐와 탈은폐, 인간의 동물성과 인간성의 갈등이 작동하며 인간이 자신에게 적절한 역사적 사명을 발견할 수 있다고 하이데거는 믿었다."(T.O. 75쪽) 아감벤은 하이데거의 나치 참여를 이 측면에서 설명할 수 있다고 본다.

9   중동태에 관해서는 다음을 참조한다. 고쿠분 고이치로, 『중동태의 세계: 의지와 책임의 고 고학』, 박성관 옮김, 동아시아, 2019. 고쿠분은 중동태를 통해 책임을 개인의 의지로 귀속하는 전통에 의의를 제기한다. 그가 궁극적으로 제시하고자 하는 것은 "행위의 코뮤니즘 communism of action"이다. 이미지적으로 보자면 행위를 캐치볼(주체로 시작하여 객체로 끝나는)이 아니라 줄다리기(주체와 객체가 분리될 수 없는, 하지만 개별 행위는 엄연히 이루어지는 내재적 과정)로서 재정식화하여 포착하는 철학적 성찰이자 윤리적 전략이라 할 수 있다.

아시아라는 은어와 비판의 탈취脫臭/奪取:
선진국 서사와 식민주의 비판

눈떠보니 선진국?

눈떠보니 선진국이라고 한다. "선진국이 된다는 것은 '정의'를 내린다는 것이다. 앞보다 뒤에 훨씬 많은 나라가 있는 상태, 베낄 선례가 점점 줄어들 때 선진국이 된다. (…) 해답보다 질문이 더 중요하다는 것을 깨달을 때 우리는 선진국이 될 수 있다."[1] 승승장구하는 폴더블 스마트폰, 환호하는 글로벌 팬덤, 노벨상 부럽지 않은 아카데미상, 보스들 노는 데 초대된 대통령, 급기야는 오징어까지. 눈떠보니 선진국, 고개를 끄덕일 만한 소리다. 하지만 아직도 갈 길이 멀었다고 한다. "바람처럼 내달린 몸이 뒤쫓아 오는 영혼을 기다려줄 때다. 해결해야 할 '문화지체'들이 언덕을 이루고 있다."[2] 그렇다. 몸은 성장하고 앞서 가는데 영혼이 뒤로 처져 힘들어하는 형국. 선진국다운 선진국 되기란 이토록 어렵다. 몸이라도 해냈기에 망정이지 그런 다행이 없다. 이

제 영혼만 충만하면 된다. 조금만 더 애쓰자. 대한민국 미리 만세.

선진先進, 앞서감? 자연 풍경이라면, 줄지어 가는 동물들의 행렬을 보면서 앞서가는 몇 마리를 지칭하는 것이라면 그저 무감한 산문처럼 눈앞의 광경을 묘사하는 일로 그칠 터다. 하지만 이윽고 무감한 산문은 판단을 끌어들인다. 앞서가는 것이 좋고 아름답고 올바르고, 뒤처진 것이 안타깝고 후지고 그르다는. 그리하여 앞서감과 뒤처짐을 비교하고 값을 매긴다. 나아가 판단력은 물을 만난 듯 개인 간의, 인간 집단 간의, 국가 간의 관계를 자연상태의 진화와 경쟁에 중첩시킨다. 제국주의와 식민주의라는 역사 폭력으로 점철된 세계관의 완성. 하지만 제2차 세계대전이 끝나고 전 지구적 내전이 석권하면서 선진국이란 발상은 폭력과 학살의 핏자국을 숨긴 채 지극히 객관적이고 위생적인 숫자로 국가 서열을 가늠한다. 선진과 후진은 분명 제국과 식민의 시즌 2일 따름인데 락스 냄새가 진동하는 역사 세탁history laundering이 어느샌가 자리 잡고 만다. 눈떠보니 선진국이라고 한다. 지금까지 눈감았던가? 무엇으로부터?

역사 세탁과 위생 세계

선진국이란 용어의 초기 용법은 일본 메이지 시대 잡지 『풍속화보風俗画報』에서 확인할 수 있다. 『풍속화보』는 세태, 풍속, 전쟁, 문학, 역사, 지리 등 당대의 사회 풍속을 시각적으로 해설한 일본 최초의 그래픽 잡지였다. 1894년 어느 기사는 청일전쟁의 전투 양상을 그림으로 시각화하면서 다음과 같은 해설을 덧붙였다. "우리도 폐조幣助를 줌으로써 국리國利를 도모하는 것은 원래 선진국의 책임이자 인교隣交의 정선

憘宣이다." 여기서 폐조란 물질적 원조를 말하는 것으로, 이 기사는 청일전쟁이 후진국 조선을 도우려는 선진국 일본의 책임에서 말미암은 것임을 강조한다. 이른바 서양의 충격western impact으로 유럽 근대 국가를 모델로 개혁에 나선 당대 일본은 정치, 경제, 행정, 교육 등에서 유럽 제도를 수용했을 뿐 아니라 우승열패優勝劣敗의 사회진화론으로 국제 관계를 포착하는 당대의 지배적 관점도 발 빠르게 받아들였다. 앞의 인용문은 당대 일본에서 청일전쟁이 사회진화론을 실증하는 사건으로 간주되었음을 알려준다. 그 맥락에서 발화되기 시작한 선진국이란 철저하게 사회진화론적 관점을 전제로 한 용어다.

이후의 역사는 긴 설명을 요하지 않을 것이다. 청일전쟁의 승리로 타이완을 식민지화하고 한반도에 대한 실질적 지배권을 획득한 제국 일본이 후발 제국주의 국가로서 아시아 지역을 유린해온 역사에 대해서는 말이다. 다만 앞의 인용문에서 알 수 있듯 침략은 항시 '인교의 정선'으로 분식되어왔다. 이토 히로부미伊藤博文가 러일전쟁에서 승리한 후 조선통감부를 설치할 때 "한국의 부강이 실제로 인정될 때까지"라고 말했듯 제국주의적 침략은 항시 피지배자의 부강과 복리를 위한다는 명분 아래 자행되어왔다. 사례는 도처에 넘친다. 스피박이 지적한 "원주민 여성을 구조하는 백인 남성"이란 식민자의 표상이 그렇고, 아프리카에 대한 본격적 식민 지배를 개시한 장본인인 레오폴트 2세의 "문명의 십자군"이란 식민자의 사명이 그렇다. 먼저 간 남편을 화장하는 장작더미에 걸어 들어가야 했던 인도 여성을 개화된 식민자가 구했으며, 문명의 빛이 가닿지 못한 어둠의 심장에 식민자가 십자군과 같은 성스러운 사명감으로 빛을 비췄다는 이야기. 조선에

부임하는 일본인 교사들에게 "철두철미한 성실과 친절로 아동을 교육하라."고 훈시한 이토의 마음 또한 사명감으로 가득 찼을 터다.

그래서 한편에는 잔인하고 냉정한 폭력이, 다른 한편에는 개명되고 온후한 사명이 있다. 식민의 표면과 이면은 어떻게 연루되었던가? 총독부가 3·1운동을 무자비하게 탄압한 뒤 이른바 문화통치로 노선을 바꾸는 과정이 답을 보여준다. 제1차 세계대전은 국제적 도의와 보편법이란 발상이 전쟁 책임을 묻는 자리에 등장한 역사적 계기였다. 전승국이었던 미국, 영국, 프랑스, 이탈리아, 일본 등 10개 연합국은 파리강화회의에 앞서 열린 예비회의에서 '전쟁 개시자 책임 및 형벌 집행위원회The Commission on the Responsibility of the Authors of the War and on the Enforcement of Penalties'를 설치했다. 여기서 작성된 보고서는 독일 황제 빌헤름 2세를 전쟁 범죄자로 기소한 베르사이유조약 제227조 '국제적 도의와 조약에 대한 최고의 범죄 행위'로 이어진다. 승전국이 패전국 지도자를 범죄자로 기소한 최초의 사례였으며, 주권국가를 규율할 수 있는 상위의 도의와 보편법이 실제로 효력을 발휘한 최초의 장면이기도 했다. 이후 설립된 국제연맹에서는 상설 국제사법재판소의 설립을 위한 법률자문위원회가 설치되었고 '국제 공공질서 침해 혹은 국제 보편법에 반하는 범죄'를 심판히는 국제고등재판소의 설치를 제안한다. 비록 1998년 로마 국제형사재판소의 설치까지 이상의 실현을 위해 70년 남짓을 기다려야 했지만 국제적 도의, 공공질서 혹은 보편법이란 발상은 제1차 세계대전 이후 무시할 수 없는 흐름으로 자리 잡았던 셈이다.

3·1운동은 이런 국제적 흐름 속에서 벌어진 대규모 민중저항이었

다. 주지하다시피 진압은 가혹하고 잔혹했다. 한반도 전역이 피로 물들었으며 더는 수용할 수 없던 탓에 수감자가 그나마 줄어들었다. 총독부는 이후 문화통치로 노선을 전회한다. 많은 이가 두려움을 느꼈기 때문이라고 말해왔다. 물론 느꼈을 것이다. 한반도의 민중이 아니라 국제 사회에 대해. 당대 일본은 그야말로 눈떠보니 선진국이 되어 있었다. 뒤늦게 참전한 제1차 세계대전에서 승전국 대열에 합류했고, 미국, 영국, 프랑스와 더불어 당시 가장 첨예한 국제 정치의 이슈였던 중국 문제를 해결했다. 중국에서의 이권을 4개국이 분할하는, 당시에는 '작은 국제연맹the Little League of Nations'으로 불린 선진국 클럽에 가입한 것이다. 또한 런던과 뉴욕을 비롯한 국제 금융시장에서 대규모 국채를 발행함으로써 무력이 아니라 돈으로 국제 사회와 관계를 맺었다. 그래서 두려웠다. 국제 사회의 눈이. 피식민자들을 무력으로 지배하는 것은 19세기의 패러다임이었기 때문이다. 제국주의도 국제적 도의, 공공질서, 보편법이란 흐름에 맞춰 변화해야 했던 것이다. 문화통치는 선진국 일본과 국제 사회의 눈초리가 만들어낸 눈치의 산물에 지나지 않았다.

　식민의 폭력과 사명은 제1차 세계대전 이후 이렇게 접속된다. 이제 저항에 대한 물리적 탄압은 비밀경찰의 몫이 된다. 제국은 언제나 보편적 대의명분을 내세워 질서를 분식한다. 국제적 도의를 지키기 위해. 대동아공영권이란 슬로건은 이런 맥락에서 등장한다. 우승열패의 사회진화론은 어느새 자취를 감춘다. 노골적 이익 추구와 약탈임이 틀림없는데도 보편적 명분이 요청되는 것이다. 청일전쟁, 러일전쟁, 제1차 세계대전을 거치면서 사라졌던 동양 대 서양이라는 대립이

재활용된다. 동양을 침략하는 서양이란 대립 속에서 제국 일본은 새로운 국제적 도의, 즉 아시아의 자립자족과 공생을 전쟁의 슬로건으로 내세웠던 것이다. 전쟁은 힘에 기초한 서양의 세계 지배에 균열을 내고 도의에 기초한 새로운 국제 질서를 위해 수행된다는 서사. 하지만 희대의 철학자들이었던 교토학파가 그 속살을 드러낸다. 대동아공영권을 철학적으로 변증하기 위해 분주한 철학자들은 대동아공영권 내 민족들의 관계 설정에 고심한다. 대동아공영권은 서양 근대에서 발원한 국제 질서, 즉 제국주의와 전적으로 다른 무엇이어야 했기에 그렇다.

하지만 일본의 지도적 위치를 어떻게 할 것인가? 천황이 지배하는 일본의 초역사적 사명? 진일보한 문명? 전자는 다분히 쇼비니즘의 혐의가 짙고, 후자는 서양적 근대를 긍정하는 꼴이 된다. 초조한 한 철학자의 입이 미끄러졌다. 일본의 지도적 위치는 결국 "에토스(도의)가 아니라 크라토스(힘)다."[3] 그렇게 변증은 싱겁게 마무리되었다. 도의가 아니라 힘. 철학자들은 덫에 걸렸다. 선진국을 도의로 치장하려 했던 제국주의의 시즌 2가 허망하게도 스스로의 속살을 드러낸 것이다. 물론 시즌 2 전체가 물 건너간 것은 아니다. 제국 일본이 꿈꿨던 시즌 2가 미국의 힘으로 산산조각 난 것이지 제1차 세계대전 이후의 지배적 흐름은 제2차 세계대전 직후에 강력하게 스스로를 확립한다. 물론 공산권과 전 지구적 내전을 치르면서, 그들을 인류의 적으로 부르며 음험한 전쟁을 치르면서.

이렇게 선진국은 제국과 식민의 역사로부터 폭력을 지운다. 인류의 이름 아래 폭력을 도의에 비춰 반성하면서. 제국 일본은 거듭 사과했다. 아시아의 민중이 아니라 국제 사회를 향해. 난도질 당한 몸은 사죄를 받은 적이 없다. 대신 피 냄새가 제거된 새로운 위생적 착취 관계에 복속된다. 스스로의 게으름을 탓하고 맹목적으로 발전하라는 주문이 울려 퍼진다. 그리하여 선진과 후진이 자연 질서로 다시 자리 잡는다. 눈떠보니 선진국이라고 한다. 그렇다. 그 피비린내 나는 역사에 눈감아왔고, 눈떠보니 어느새 더할 나위 없이 위생적인 세계가 펼쳐졌다. 제국과 식민은 선진과 후진으로 미끄러져 망각되었고, 선진이 되었다는 승전보가 제국과 식민의 피비린내를 완전히 탈취脫臭/奪取한다. 징후는 도처에서 감지된 바 있다. 탈식민적 비판의 흐름 속에서 이뤄진 (동)아시아론의 발자취가 그렇다. 눈떠보니 선진국이 되면서 아시아는 비평적 은어가 된 지 오래였기 때문이다.

아시아라는 정치적 은어

'은어Jargon'란 아무런 내용이 없는데도 의미심장한 무언가를 의미하는 듯 행사되는 포즈의 언어이며, 그 포즈를 공유하면서 마치 어떤 중요한 의미를 공유하기라도 한 듯 미소 짓는 무리에서 통용된다(아도르노). 물론 악의와 배타성으로 똘똘 뭉친 폐쇄적 무리일 수도 있겠으나 대부분의 경우 은어가 선의와 혁신의 의지로 가득 찬 이들 사이에서 통용된다는 점이 중요하다. 제2차 세계대전 이후 독일에서 본래성 Eigentlichkeit/authenticity이 그랬던 것처럼 1990년대 이후 한국에서 아시아란 내용은 없지만 포즈로 가득한 은어였다.

1991년 소련이 붕괴한 후 한국에서 냉전 대립과 배타적 민족주의를 넘어서는 하나의 정치적 상상력으로 아시아는 다양한 맥락에서 발화된 바 있다. 그것은 사회주의와 민족주의라는 원리적으로는 불가능하나 현실적으로는 필연적이었던 결합을 대체하는 정치적 전망과 주체화의 기획을 지향했다. 코스모폴리탄과 국민 사이에 아시아를 개입함으로써 식민주의 비판을 새로이 제기하여 국민국가 체제를 상대화하고, 그 안에서 자본주의와 사회주의라는 근대의 이데올로기와 현실 체제를 넘어서는 질서를 꿈꿨던 것이다. 하지만 그때 발화된 아시아를 역사적으로, 지정학적으로, 사상적으로 정의할 수 있는 이는 아무도 없다. 이 새삼스럽지만 새로운 공생의 비전과 정치 기획은 그저 막연한 공감과 기대를 거름 삼아 부풀어 오른 풍선이 아니었던가? 아시아라는 은어를 공유한 이들 탓일까? 아니, 그 까닭은 역사적인 데에 있다. 분단과 냉전 질서에 중첩된 근대초극과 아시아주의의 계보 속에서 아시아는 정치적 은어인 지 오래였기 때문이다.

　누가 뭐라 해도 '근대modern'란 유럽에서 비롯되었고, 유럽 고유의 것이다. 시기 구분으로서의 근대가 아니라 자연과 타자와 사물과 세계에 대한 독특한 지식과 태도라는 점에서 그렇다. 그런 의미에서 아시아란 근대의 산물이다. 유럽 근대와 조우한 유라시아 대륙의 동쪽 지역의 사람들이 스스로의 땅을 아시아로 인식하기 시작했을 때부터 말이다. 그것은 유럽과의 대비 속에서 스스로를 정체화identification했다는, 철저하게 '유럽적 방식'의 자기 정체화다. 거꾸로 선 오리엔탈리즘 속에서 아시아는 발화되었으며, 유럽에서 비롯된 보편 세계 속에서 스스로의 자리를 찾아 나가는 것이 아시아의 출발점이었다. 그것은 기하학과 기술이라는 보편적 지식 체계가 지탱하는 세계 속에 유라시아의 동쪽 사람들이 진입하는 방식이었다.

동양에는 원래 유럽을 이해할 능력이 없을 뿐 아니라 동양을 이해할 능력도 없다. 동양을 이해하고, 동양을 실현한 것은 유럽에서 나타난 유럽적인 것이었다. 동양이 가능해진 것은 유럽에서였다. 유럽이 유럽에서 가능해졌을 뿐 아니라 동양도 유럽에서 가능해진 것이다. 만약 유럽을 이성이라는 개념으로 대표할 수 있다면 이성이 유럽의 것일 뿐 아니라 반이성(자연)도 유럽의 것이다. 모두 유럽의 것인 셈이다.[4]

이렇듯 동양, 즉 아시아는 철저히 타자의 시선을 통해 등장한 상상의 지리이자 자기 정체성이었다. 문제는 아시아라는 개념에, 이 철저하게 근대 유럽적인 개념에 근대 유럽을 극복하는 원리를 발견하고자 한 '광기 어린' 시도들이 생겨났다는 점이다. 그 대표 사례로 근대 일본에서 등장한 '아시아주의'를 상기할 수 있다. 물론 여기서 아시아주의는 매우 넓은 범위의 담론들을 말한다. 메이지정부에 반기를 든 사무라이들, 19세기 말의 대륙 낭인들, 이슬람과 인도와 중국에 매료된 지성들, 천황 친위쿠데타를 꿈꾼 혁명가들, 그리고 교토학파와 다케우치 요시미竹內好 등 철저히 서구적 지성으로 무장한 지식인들까지. 스스로가 비롯된 태반을 부정하고 존재의 새로운 차원을 개척하는 변증법이 이들의 무기였는지는 모르겠지만 이들은 다양한 방식(반란, 폭력, 철학, 비평 등)으로 거꾸로 선 자신의 태생을 저주하며 태반을 찢어버리려 했다.

성공했는가? 평가는 잠시 접어두자. 그들이 아시아라는 말을 지렛대 삼아 탈유럽적 합리성, 탈유럽적 사고의 가능성, 탈유럽적 세계의 구축 가능성을 타진했다는 점이 중요하다. 물론 상상을 초월하는 파국으로 이들의 응수타진은 산산조각이 났다. 하지만 한 번 태동한 변증법의 운동은 헤겔의 꽃길은 아니더라도 가시밭길을 지나 만신창이의 모습으로 여기저기 흔적을 남겼다. 해방 후 한국에서도 말이다.

식민지 조선에서 근대의 앎이란 거의 모두 일본 경유로 유입되었다. 일본의 식민 통치 아래에서 유럽적 지식과 세계관이 뿌리를 내린 것이다. 이는 단순히 유럽어-일본어-조선어라는 중역重譯의 경로만을 의미하지 않는다. 일본에서 발생한 아시아주의 혹은 근대초극이라는 마물魔物 또한 근대 지식의 이름으로 토착화된다는 점이 중요하다. 그리하여 대륙 낭인, 만주국에 미래를 건 아시아적 낭만주의, 그리고 전쟁 말기의 대동아공영권이라는 미망까지 아시아주의와 근대초극은 다양한 변용태를 수반하면서 식민지 조선에서 전개된다.

그러나 1945년 8월 15일 이후에는? 해방 후 한반도의 남과 북은 어떤 국가를 수립할 것인지 열병을 앓고 있었다. 이때 새롭게 건설될 국가는 어떤 세계를 전제로 하여 어떤 사회를 기반으로 해야 하는지가 논란의 중심이 되었다. 주지하다시피 이 논쟁은 좌와 우, 즉 사회주의냐 자본주의냐의 구도 속에서 이뤄진 것으로 역사화되었다. 분단과 냉전 질서를 감안할 때 이런 역사화는 필연적인 것으로 여겨진다. 하지만 그 때문에 또 다른 맥락이 후경으로 밀려나는 결과를 초래했다. 즉 당대의 맥락 속에서 분단-냉전이 아닌 또 다른 세계 질서관 말이다. 그것은 냉전 질서가 아니라 미국과 소련을 포함한 제국주의에 대항하는 아시아-아프리카라는 세계 질서관이었다. 즉 사회주의냐 자본주의냐가 아니라 제국주의냐 탈식민화냐의 세계 질서 속에 국가를 자리매김해야 한다는 관점이었던 것이다.

이때 한반도를 규정해온 남북 분단은 냉전 질서와는 전혀 다른 맥락 속에서 의미화된다. 이 맥락에서 분단 극복은 탈제국주의라는 전망 속에서 의미화되는 것이다. 물론 냉전 질서와 민족해방이라는 세계관은 결코 분리된 적이 없다. 양자는 분리할 수 없을 정도로 착종되어 해방 정국과 1970년대까지의 정치적 상상력을 규정해왔기 때문이다. 이때 북한의 '우리식 사회주의'와 박정희 체제는 서로를 비추는 거울상으로 파악될 수 있다. 김일성과 박정희 체제는 냉전과 탈식민의 뒤엉킴 속에서 통치 이데올로기를 주조해왔기 때문이다. 한국에서 아시아가 정치적 은어가 되는 원천적 장면이 여기에 있다.

근대초극의 재연

박정희 정권은 냉전적 세계와 탈식민화 세계를 교묘하게 결합한 세계관 위에서 통치를 수행했다. 박정희가 쿠데타 초기부터 내세운 '우리식 민주주의'란 한편으로는 근대 유럽에서 유래한 경제-정치-사회-문화를 극복하여 독자적 체제를 만들겠다는 근대초극의 구상이었다. 다른 한편으로는 한국을 미국이 주도하는 서방 세계의 일원으로 자리매김함으로써 냉전의 최전방으로 한국을 규정했다. 즉 탈근대와 친서구라는 일견 상반되어 보이는 세계관을 아슬아슬하게 결합하면서 박정희 체제는 성립한 것이다. 이렇게 하여 아시아주의 혹은 근대초극의 계기는 해방 후 한국에서 분열적이고 착종적인 문맥 속으로 내던져지게 된다.

아시아주의와 근대초극의 용어와 개념을 이어받은 '우리식 민주주의'는 분명 통치 이데올로기였다. 그것은 미국까지를 포함한 유럽의 민주주의와 자유주의를 급진적으로 비판하는 이념이었다. 이를 철학적으로 정초한 박종홍은 '위기', '불안', '결단', '창조', '새 시대', '초극' 등 1930년대 일본의 철학계를 수놓은 일련의 은어들로 '우리식 민주주의'를 철학적으로 변증했다. 그는 4·19와 5·16의 연속성을 시야에 넣으며, 청년 학생과 정치군인의 '봉기'를 서구 근대의 막다른 골목을 돌파하는 초극과 창조의 실천으로 정의했다. 즉 태평양전쟁으로 최고조를 맞이한 뒤 파국으로 끝난 아시아주의와 근대초극의 꿈이 1960년대 한국에서 되살아난 것이다.

3장에서 살펴봤듯 최인훈이 훗날 『총독의 소리』로 형상화한 희극은 이런 사태를 지시하는 것이었다. 해방 후 한반도에 해적방송으로 울려퍼지는 총독의 연설은 제국 일본의 잔당이 한반도에 남아 와신상담한다는 설정에서 이뤄진다. 총독은 1960년대 한반도를 둘러싼 정세를 수다스럽게 떠들면서 한반도의 두 정권이 제국 일본의 꿈을 충실히 실행에 옮기고 있으며 제국이 반도를 탈환하는 날이 머지않았음을 설파한다. 박정희와 김일성은 아시아해방과 근대초극을 꿈꾼 천황의 쌍둥이 자식이었던 셈이다.

1956년의 반둥회의는 이런 상황에서 전유된다. 직접 참여하지 않았지만 한국의 당대 지식인들은 반둥회의에서 실현된 아시아-아프리카의 연대에 지대한 관심을 가졌다. 이후 이들은 다양한 경로로 아시아를 하나의 정치적 전망으로 품게 된다. 어떤 이는 군사쿠데타에 아시아해방을 투사했으며, 어떤 이는 반독재투쟁의 이념적 기초로 아시아주의를 신봉했다. 다시 말해 아시아주의는 통치 이데올로기로서도 거꾸로 저항 이데올로기로서도 발화되었으며, 그런 의미에서 박정희가 가장 위험시한 인물 중 하나인 김지하는 방향을 거꾸로 한 박정희이기도 했다. 두 사람 모두 서구와 구분되는 한국 고유의 체제를 아시아를 중심으로 사고했기 때문이다. 아니 정확히는 아시아주의와 근대초극의 구불구불한 계보 속에서 '한국=우리'를 내세우는 이념과 발화가 이뤄졌기 때문이다.

그렇게 당대의 반제국주의 아시아 연대는 제국 일본의 은어인 아시아주의와 근대초극의 자장 속에서 전유되었다. 그것은 사실 서방진영의 최전방으로 냉전을 치르던 한국에서 근대 유럽의 기술 합리성이나 소외 현상을 되묻는 힘으로 존립할 수 없었다. 통치 이데올로기의 측면에서 아시아는 자본주의의 기술 합리성과 구분되는 정신의 원리였으며, 그런 한에서 동도서기론의 현대화에 지나지 않았다. 또한 저항 이데올로기의 측면에서 아시아는 민족주의와 결합하면서 동원과 배제의 폐쇄성을 극복하지 못했다. 국민국가를 넘어선 질서를 꿈꾼 아시아 연대는 한국의 저항담론 속에서 민족이란 배타적 정체성을 상대화하는 원리로 작동하지 않은 것이다.

1930~1940년대 일본의 아시아주의와 근대초극론이 악명 높은 전쟁 이데올로기였음은 부인할 수 없는 역사적 사실이다. 그러나 이들 담론이 유럽 내부에서 제기된 근대 비판과 공명하는 것이었음을 잊어서는 안 된다. 니체에서 슈펭글러를 거쳐, 발레리를 거쳐, 하이데거를 거쳐, 프랑크푸르트학파를 거쳐, 다다이즘과 초현실주의를 거쳐, 표현주의와 미래파를 거쳐 서구 근대는 재생 불가능의 딱지를 넘어 유효성을 상실한 문명 원리로 낙인찍힌 바 있었다. 이를 감안했을 때 분

명히 아시아주의와 근대초극론은 유럽 내부의 자기 비판과 공명하면서 새로운 역사 세계를 구상한 이념적 사건이었다. 그러나 종국에 또 다른 제국주의와 식민주의로 귀결된 이들 담론은 해방 후 한국에서도 유럽 근대에 대한 급진적 비판의 힘으로서 존립하지 못했다. 아시아라는 막연한 꿈을 선의와 혁신의 태도로 공유한 이들은 결국 아시아로부터 구체적이고 역사적인 내용을 박탈했다. 누구나 아시아를 입에 담지만 그 누구도 그 발화의 의미를 알지 못하고 신뢰하지 못하는 상태에 빠져버린 것이다. 이것이 한국에서 아시아 연대가 공유된 실상이다.

착한 양들의 세계를 넘어서

1990년대 후반부터 증폭한 아시아론은 분명 1960~1970년대의 아시아라는 은어와 단절된 것이었다. 그것은 냉전 질서의 해체라는 조건 아래에서 민족주의 비판과 함께 등장한 담론이었기 때문이다. 이때 아시아는 민족을 비판하고 개인을 우선시하는 자유주의의 흐름과 접속된다. 피억압 민족의 연대라기보다는 자유로운 개인=시민들의 연대로서 표상된 것이다. 국민국가를 넘어선 시민 사회 차원의 연대가 중시되었던 까닭이며, 정부와 분리된 다양한 민간 단체의 교류가 활성화되었던 맥락이다. 하지만 민족에서 시민으로 방점이 옮겨 가는 가운데 교묘한 망각이 개입한다. 아시아 각국의 시민이 국가를 넘어선 자유로운 시민의 자격으로 동등하게 연대한다는 표상은 제국주의와 식민주의의 비대칭적 역사 경험을 '국가 폭력'이라는 일반론으로 표백하기 때문이다. 이랬을 때 식민주의를 지탱한 우생학, 인종주의,

동화주의 등 종족적/민족적 차이에 의거한 실제 식민주의의 작동 방식이 일거에 의식의 저편으로 사장된다. 위안부나 강제 징용 등 엄연히 제국과 식민지 사이의 위계질서 속에서 자행된 폭력이 국가와 개인의 구도로 단순화된 것이다.

이렇게 아시아 연대의 이름으로 아시아 사람들이 겪은 비대칭적 경험은 말끔하게 균질화된다. 그리하여 민족주의를 비판하고 새로운 탈식민의 길을 모색하자는 1990년대 후반 이후의 아시아는 다시 한 번 정치적 은어가 되고 만다. 냉전 해체와 민족주의 비판 속에서 등장한 아시아는 분명 식민주의 비판을 미래의 공생 질서를 위한 매개로 삼자는 구상이었다. 그러나 제국주의와 식민주의의 위계질서를 의식에서 지워버리는 아시아 연대는 아시아의 거의 유일한 역사 내실이었던 공유된 식민주의의 경험을 아시아로부터 추방한다. 그리하여 아시아는 균질적 사람들이 서로 선하게 교류하고 미래를 꿈꾸는 '착한 양들의 세계'가 된다. 그렇게 아시아는 또 다른 정치적 은어가 된다.

눈떠보니 선진국이 된 것은 이런 상황에서다. 피비린내로 가득한 제국과 식민의 기억을, 아시아라는 층위의 역사적 실재성을, 그리고 선진국의 꿈을 독재자와 공유한 1980년대 투사들의 무의식을 끊임없이 비워 내면서 눈떠보니 선진국이 된 셈이다. 그것은 노예의 자기 인식이 아니라 노예가 주인이 되려는 욕망의 실현이었다. 그렇게 함으로써 탈식민적 비판의 언어와 사유는 결정적으로 무장 해제되고 만다.

> 노예가 노예의 주인이 되는 것은 노예의 해방이 아니다. 하지만 노예의 주관으로 보자면 그것이 해방인 것이다. 이를 일본 문화에 적

용해보면 일본 문화의 성질을 잘 알 수 있다. 일본은 근대의 전환점에서 유럽에 대해 결정적 열등의식을 가졌다. 그래서 맹렬하게 유럽을 추격했다. 자신이 유럽이 되는 일, 더 나은 유럽이 되는 일이 탈각의 길이라고 생각했다. 즉 자신이 노예의 주인이 되는 일을 통해 노예에게서 탈각하려 했다. 모든 해방의 환상이 그 운동의 방향에서 생겨났다. 그리고 오늘날에는 해방운동 자체가 노예적 성격을 벗어날 수 없을 정도로 노예 근성이 뼛속 깊숙이 스며들어버렸다. 해방운동의 주체는 자신이 노예라는 자각을 가지지 않고, 자신이 노예가 아니라는 환상 속에서 노예인 열등 인민을 노예에게서 해방시키려 했다. 자신은 각성된 고통 속에 없으면서 상대가 각성되게 했던 셈이다. 그래서 아무리 해도 주체성이 나오지 않았다. 즉 각성할 수 없었던 것이다. 그래서 주어져야 할 주체성을 밖에서 찾으러 나갔다.[5]

선진국 한국은 다케우치가 바라본 일본과 얼마나 멀리 있을까? 안으로는 빈곤을, 밖으로는 난민을 혐오하면서 선진국이 되었다는 한국은? 눈떠보니 선진국은 결코 눈뜨지 않겠다는 각오로 가득한 듯하다. 식민과 제국의 역사를, 모습을 바꿔 눈앞에서 펼쳐지는 폭력을 보지 않겠다는 굳은 다짐. 그런 역사와 폭력은 선진국의 영혼을 갖추기만 하면 사라질 거라는 부푼 기대. 스스로는 노예가 아니라 주인이라는 강력한 자기 확신. 그리하여 선하고 합리적인 시민들이 함께 가꾸는 위생적 공간이 완성된다. 노예의 자기 인식이라는 깨어남의 고통을 생략한 채 어느새 눈떠보니 선진국이라는 행복. 하지만 "스스로 초래한 문제를 해결할 능력을 잃은 문명은 부패한 문명이다."[6] 유럽에서 발원한 문명은 어떨까? 제국과 식민이 선진과 후진으로 미끄러지면서 유럽이 초래한 문제는 해결되었을까? 팬데믹이란 예외 상황 속에서 국내외를 막론하고 고통은 선진과 후진의 선을 따라 배분되는 양상을 보며 선진국이란 말이 쉽게 나올까?

노예의 자기 인식이 아니라 주인 되기의 욕망은 이렇게 제국과 식민의 기억으로부터 비판의 힘을 탈취脫臭/奪取한다. 피비린내를 제거하기에 탈취며, 힘 자체를 빼앗기에 탈취다. 탈식민 비판은 그렇게 무력화되어버린 듯하다. 어떻게 해야 할까? 기억해야 한다. 아시아 연대가 아니라 아시아를 정치적 은어로 만들어온 내력을 말이다. 한국에서 아시아는 가능성이 아니라 가능성이 말소되어온 탈정치화의 흔적으로 기억되어야 한다. 제국 일본의 아시아주의와 근대초극이 아시아 연대라는 상상력을 어떻게 형해화했는지, 또한 냉전 해체와 민족주의 비판이란 맥락 속에서 아시아 연대가 어떻게 '착한 양들의 세계'를 설파하는 염불이 되었는지를 말이다. 정치적 은어를 통한 탈정치화의 내력, 현재 한국에서 아시아를 발화해야 한다면 오로지 이 내력의 탐구를 위해서일 뿐이다. 식민주의 비판의 가능성은 그 불가능성의 기억 속에서만 가능할 것이다.

1　박태웅, 『눈떠보니 선진국: 앞으로 나아갈 대한민국을 위한 제언』, 한빛비즈, 2021, 17쪽.
2　앞의 책, 32쪽.
3　大橋良介, 『京都学派と日本海軍: 新資料「大島メモ」をめぐって』, PHP新書, 2001, 218쪽.
4　竹内好, 「中国の近代と日本の近代」(1948), 『日本とアジア』, ちくま学芸文庫, 1993, 20쪽.
5　앞의 책, 43~44쪽.
6　에메 세제르, 『식민주의에 대한 담론』, 이석호 옮김, 그린비, 2011, 9쪽.

품성론의 역습:
해방 후 동아시아 식민주의의 변형과 존속

문제의 소재

남한의 '역사 내전'은 항시 현재진행형이지만 2019년 늦여름 약산 김원봉 서훈으로 촉발된 전투는 다소 싱거운 것으로 기억될지 모른다. 전황은 일방적이었다. 일일이 인용하지 않겠지만 여지없이 색깔론이 선봉에 섰으며 자연스레 '건국'론이 후방을 지켰다. 다소 세련된 외양을 뽐내면서 현자의 충고를 선사하는 이도 나섰다. 현자는 민족과 국가를 구분해야 하며 전자가 국정을 지배할 때 국가는 위험에 빠진다면서 서훈은 법-국가의 문제이지 정념-민족의 문제가 아님을 따끔하게 꼬집었다.¹ 민족은 약산을 추모할 수 있지만 국가는 결코 그럴 수 없다는 '꾸짖음'이었다. 그렇게 자유민주주의의 십자군, 이승만의 후예들, 그리고 우국의 현자들까지 나서서 거룩한 대한민국 수호를 위해 저마다의 정의와 열정과 지성을 쏟아부었다. 21세기 '태극기 의열

단'이라 불릴 만한 성스러운 연합군은 막강한 화력으로 전투에서 그렇게 손쉬운 승리를 거뒀다.

사실 전투의 향방은 결정된 것이나 마찬가지였다. 서훈 관련 법률이 약산을 인정하지 않기 때문이다. 우선 "독립 유공자 예우에 관한 법률" 제4조 1항은 독립운동에 목숨을 바친 '순국선열'을 "일제의 국권 침탈 전후로부터 1945년 8월 14일까지 국내외에서 일제의 국권 침탈을 반대하거나 독립운동을 위해 일제에 항거하거나 항거로 순국한 자로서 그 공로로 건국훈장建國勳章, 건국포장建國褒章 또는 대통령 표창을 받은 자"로 정의한다. 그리고 독립 유공자의 요건으로 정의된 건국훈장·건국포장은 상훈법 제11조와 제20조에 각각 "건국훈장은 대한민국의 건국에 공로가 뚜렷하거나 국가의 기초를 공고히 하는 데에 이바지한 공적이 뚜렷한 사람에게 수여하며", "건국포장은 대한민국의 건국과 국가의 기초를 공고히 하는 데에 헌신·진력하여 그 공적이 뚜렷한 사람에게 수여한다."로 규정된다. 약산 서훈은 이 두 가지 법률에서 결과가 나 있는 문제였다. 약산이 1945년 8월 14일 이전에 국내외에서 독립운동을 한 것은 맞지만 북한 정권에 참여한 이력은 "대한민국 건국에 공로가 뚜렷"하거나 "국가의 기초를 공고히 하는 데에 이바지한 공적이 뚜렷"하다는 규정에는 명백히 적합하지 않기 때문이다. 우국의 현자가 점잖게 국가(법)를 내세워 전투를 치른 까닭이다.

그런 의미에서 약산 서훈을 둘러싼 전투는 '김구에 버금가는' 한 독립 운동가를 순국선열로 인정하느냐 마느냐의 문제를 넘어선다. 근대 국민국가의 성립 조건 중 하나로 "조국을 위해 목숨 바친 pro patria mori" 이들에 대한 '추모=공동기억 commemoration'의 의례/제도가 있다면 2019년 늦여름의 논란은 '대한민국'이란 국민국가를 성립하게 하는 정당한legitimate 기억에 언제나 하나의 말소가 자리 잡고 있음이 새삼 각인됐다. 분명히 '대한민국 헌법'의 전문에는 국가의 정당성 근거로 임시정부를 인정하고 있다. 하지만 승인된 임시정부는 1945년 8월 15일 이전에 존재한 '실제' 임시정부일 수 없다. 물론 그 '실제' 모습이 어떤 것인지 결정할 수 없는 것이긴 하지만 적어도 대한민국 헌법의 전문에 기입된 임시정부는 하나의 말소를 내장한 '상상imagination'이다. 약산 서훈의 논란에서 알 수 있듯 헌법의 상상된 임시정부는 '북한'의 흔적을 철저하게 말소한 후 상상된 가공물이기에 그렇다.

그렇게 남한의 탈식민화 역사는 언제나 말소를 내장한다. 해방 후 탈식민 담론은 내재적 발전론에서 민족주의 비판까지 모두 북한을 말소한 위에서 성립한 것이었고, 법률/정치/학술/문화를 관통하여 북한을 지우는 장치는 촘촘하게 남한 사람들의 몸과 마음을 관리해왔다. 물론 저항은 있었다. 하지만 탈식민의 상상력이 내전이란 절대적 경험을 뛰어넘기는 불가능했다. 독립된 국민국가의 형성 외에는 탈식민의 경로를 상상할 수 없고, 내전이 독립국가 형성의 기원으로 맹신될 때 북한은 대결과 화해의 대상은 될지언정(현실 정치에서의 '적'일지언정) 국가 성립과 탈식민이 중첩된 '정당한 역사' 속에서는 봉인되어야 할 악령이었던 셈이다.

새로운 이야기는 아니다. 새삼스럽고, 그래서 장황하기까지 할지 모른다. 하지만 남한 주사파를 논하는 자리에서 길고 깊고 넓고 촘촘한 장치를 통한 북한의 말소를 재확인하는 일은 필수적이다. 남한 주사파의 발자취는 북한을 매개로 한 하나의 요란한 반란이었고, 초라한 전향이었기 때문이다. 북한을 탈식민의 역사 속에 부활시켜 남한 체제의 정당성을 뒤흔들었기에 요란한 반란이었고, 북한을 인권이란 텅 빈 관념 속으로 전유하여 역사를 정치의 지평선 바깥에 폐기했기에 초라한 전향이었다. 1986년에서 1996년까지 10년 동안 위세를 떨친 남한 주사파는 그런 의미에서 하나의 '소극笑劇, farce'이었을지 모른다. 소극이 비극tragedy과 달리 카타르시스에 이르지 못하는 극 형식이라 할 때 주사파가 벌인 활극 또한 벌어진 사태를 수습하지 못한 채 끝을 맞이했다는 의미에서 그렇다. 하지만 동시에 마르크스가 말했듯 소극은 비극의 반복이다. 이때 주사파가 소극으로 반복한 사태란 제국 일본의 패망 후에 벌어진 대대적인 '전향'이라 할 수 있다. 남한 주사파의 소극은 식민주의가 폭력과 수탈 대신 인권과 평화라는 숙주로 갈아타 존속하는 비극의 우스꽝스러운, 하지만 서글픈 반복인 것이다. 남한 주사파의 '모든 것'이 담겨 있다 해도 과언이 아닌 『강철서신』으로 소극의 막을 열어보자.[2]

말소된 역사의 환기, 『강철서신』과 품성론

1986년 일련의 문건이 운동권 학생 사이에서 회람되었다. '강철'이란 이름을 단 이 문건들은 이후 NL이라 불리게 될 남한 학생운동 최대 정파의 불씨였다. 이후 1989년 이 문건 중 일부와 다른 글들을 엮어 『강철서신』이란 단행본이 간행되어 NL 운동권의 필독서로 자리 잡는다. 넓은 의미의 남한 주사파는 이 책이 등장한 후에 광범위한 세력을 형성하게 된다. 문건의 주인공이었던 김영환을 비롯하여 북한 당국과 직접 관계를 맺은 이는 소수에 불과했지만 1980년대 후반에서

1990년대 초반까지 학생운동권의 헤게모니를 장악한 것은『강철서신』을 경유한 자생적 남한 주사파였다. 이들에게『강철서신』을 읽는다는 것은 하나의 통과 의례였다. 자연스레 머리보다 몸, 시위보다 일상, 이론보다 행실, 그리고 전위보다 대중이 운동의 중심을 형성했다.『강철서신』은 이른바 '품성'을 혁명의 핵심으로 내세웠기 때문이다.

'올바른 생활을 위한 지침서'라는 부제에서 알 수 있듯『강철서신』은 '일꾼'을 키우기 위해 작성되었다. 이때 일꾼의 일차적 기준이 되는 것이 '품성'이다. 일꾼이 될 수 있느냐 마느냐는 "솔직·소박·겸손·성실·용감한 품성을 갖고 있는가 그렇지 않은가" 하는 데에 달려 있는 것이다.³ 물론 마르크스주의의 역사에서 품성론으로 이어질 만한 발상은 뿌리가 깊다. 루이 보나파르트의 뒷배 룸펜 프롤레타리아트(보헤미안)를 혐오에 찬 시선으로 바라본 마르크스가 그랬고(「루이 보나파르트의 브뤼메르 18일」), 노동계급의 강철 같은 의지를 혁명의 동력 기관으로 요청한 레닌이 그랬으며(『무엇을 할 것인가』), 계급의식으로 무장한 프롤레타리아에게 메시아적 염원을 담은 루카치가 그랬다(『역사와 계급의식』). 비록 혁명가의 품성을 직접 이야기하지는 않았지만 마르크스주의의 계보 안에서 혁명의 주역 프롤레타리아트는 하나의 이상적 인간형으로 형상화되었던 것이다.『강철서신』의 품성론도 일차적으로는 그런 계보 속에서 이해할 수 있다. 김영환은 품성론을 우선시한 배경을 다음과 같이 회고한다.

신문을 꼼꼼히 읽다 보면 기사에 쓰이지 않은 이면이 읽힐 때가 있어요. 1984년경으로 기억하는데 당시 소련 사회의 30퍼센트가 알

코올 중독자이며, 직장인의 60퍼센트가 술을 먹고 출근한다는 기사를 봤어요. 이건 아니구나, 하는 생각이 들었습니다. 사람들이 제대로 서 있지 못하는데 어떻게 사회가 유지됩니까.[4]

1995년의 인터뷰라 '전향' 이후의 사고방식이 드러난 것 아니냐는 의구심이 자연스레 들 수 있지만 일상생활에서의 몸가짐은 『강철서신』에서 강조된 기본 태도 중 하나다. 제1장 「학습과 품성」의 첫머리에 『죽음을 넘어 시대의 어둠을 넘어』(황석영)에서 해방 광주를 묘사한 "그러나 아무 곳에서도 술은 주고받지 않았는데 시민군은 물론이고 다른 사람들도 술을 마시거나 취한 사람은 하나도 보이지 않았다."는 대목이나 『미완의 귀향일지』(홍동근)에서 북한 인민들을 묘사한 "검소한 생활, 부지런한 활동, 개인의 이익을 버리고 전체 사회의 복리에 기쁘게 바치는 자기 희생의 정신"이란 대목을 인용한 데서도 알 수 있듯 『강철서신』의 품성론은 일꾼(혁명가)의 규율 잡힌 일상생활을 품성의 최우선 덕목으로 삼았기 때문이다. 그러나 남한 주사파의 품성론은 일반 수준에서 혁명가의 몸가짐을 강조하는 데에 고유한 의미가 있는 것은 아니다. 품성론의 고유성은 남한 주사파가 스스로의 정체성identity을 남한 체제가 지워버린 역사 기억 속에서 찾도록 해주는 매개라는 점에 있기 때문이다.

우리는 그[품성론의] 참된 모범을 '1930년대 항일무장투쟁'의 불길 속에서 찾을 수 있다. 그것은 장개석의 국민당 군사학교에서 후방교육만 받던 조선 광복군이나 1920년대 국내에서 종파주의와 사대주의, 탈대중성에 함몰되어 있던 초기 공산주의운동과는 질적으로 달랐다. 동만주와 태항산에서 불붙은 항일무장투쟁은 그것들과 질적으로 달리 가장 직접적이었고 성공적인 반제반봉건투쟁이었으며, 그 투쟁에 참여했던 전사들은 오늘의 변혁운동에 참여하는 우리에게 가장 모범이 될 만한 혁명적 품성을 보여주었다. 그들은 참민족해방을 위한 '혁명의 자주적 주체'로서 투쟁을 전개하였던 것이다. (…) 우리는 그들의 모범적 품성을 발현한 혁명적 세계관을 혁명전통이라고 말한다.[5]

주체사상의 기본 이념이 사람의 자주성, 창조성, 의식성이라 할 때 이는 철학 논리의 범주적 조직화에서 비롯된 것이 아니라 역사적 내력 속에서 도출된 원리다. "이 시대(1930년대)의 조건은 첫째로 모든 나라의 민중이 자기 나라의 혁명운동을 주인이 된 자각을 가지고 자주적으로 전개하지 않으면 안 된다는 것, 둘째로 혁명운동의 보편적, 일반적 원리를 자국의 구체적 현실과 역사적 조건에 맞춰 창조적으로 적용하지 않으면 안 된다는 것이다."[6] 그런 의미에서 남한 주사파는 당대 북한의 혁명 전략을 교조적으로 추종하면서 등장한 세력이 아니다. 그들은 주체사상의 '특정한' 부분을 특권화하여 전유했기에 그렇다. 항일무장투쟁에서 도출된 『강철서신』의 품성론이 바로 그 부분이다. 물론 노동자의 조직화나 선전·선동을 논하는 후반부에서는 남한 주사파의 필독 문건[7]이었던 「주체사상에 대하여」(김정일, 1982)나 「주체사상 교양에서 제기되는 몇 가지 문제에 대하여」(김정일, 1986) 등의 내용을 '번안' 혹은 '인용'한 대목이 대부분이지만[8] 『강철서신』이 남한 주사파가 읽은 주체사상의 '원전(주로 김정일)'과 다른 지점은 품성론을 항일무장투쟁의 계보 속에서 스스로의 최고 강령으로 채택했다는 점이다.

물론 원전에서도 이 계보는 당연한 전제다. 하지만 남한 주사파가 접한 주체사상의 여러 텍스트에서는 역사적 계보보다도 일반 원리화된 주체사상의 강령들이 주를 이룬다. 그것은 1980년대 이후 김정일의 후계 구도가 현실화되면서 주체사상을 김일성주의로 정식화하는 단계의 텍스트였다.[9] 그런 한에서 자주성, 창조성, 의식성이 인간학의 외양으로 논의됨과 동시에 수령론을 중심으로 한 주체의 지도 원리가 천명된다. 1980년대 후반과 1990년대 초반 남한 주사파들의 필독 텍스트 중 항일무장투쟁에서 주체사상으로 이어지는 계보는 가령 "1930년 6월 카륜에서 진행된 공청 및 반제청년동맹 지도간부회의에서 주체사상의 원리를 천명하시고"[10]라든가 "조선혁명의 역사는 위대한 주체사상이 구현되고 전면적으로 승리해온 역사"이기에 "우리 인민은 위대한 수령 김 동지께서 밝히신 주체적 무장투쟁 노선"[11]을 받들어야 한다는 정도의 언급으로 그친다.

반면 『강철서신』에서는 북한의 집체극 〈피바다〉에서 등장하는 어머니의 품성, 간도 시역의 고춧가루 폭탄, 중국 혁명군의 '바늘 하나 실 한 올'(대중의 것은 무엇 하나 건드리지 않는 일) 등 1930년대 무장투쟁의 다양한 일화 속에서 품성론을 도출한다. 그렇게 계보화된 품성론이 지향하는 목표는 '대중 속으로'였다.

따스한 어머니다운 품성과 높은 문화성으로 당시 항일유격대의 대원들은 이 혁명적 사업 방법과 민중적 사업 작풍에 의거하여 단 한 명의 대원만이라도 대중이 모여 있는 마을에 들어가면 빠른 시일 안에 그 마을 주민 모두를 민족자주사상으로 굳게 무장하게 하고 자신과 민족의 운명 개척에 주인이 된 자세로 항일투쟁에 나서게 만들었다. 이는 바로 대중으로부터의 신뢰성과 지도를 인정 받는 것은 결코 해박한 지식과 논리가 아니라 바르고 성실한 품성임을 잘 보여준 본보기라고 할 수 있다. 이 대중영도면에서의 혁명전통은 (…) 이른바 '사람사업'이 얼마나 혁명적이고 민중적으로 전개되느냐에 따라 혁명운동의 종국적 성패가 달려 있다는 것을 명확히 알려주고 있다.[12]

그리하여 '복잡하고 다양한 현대 세계'에서 품성을 가늠하는 잣대는 '어머니다운' 세계관으로 정식화된다. 여기서 어머니가 항일무장투쟁 당시의 어머니임은 말할 필요가 없다. 그 어머니는 일상 속 모든 것을 창조성을 통해 무장투쟁의 무기로 바꿔내는 자주적 의식의 존재이기에 그렇다. 그렇게 혁명은 '가장 일상적 생활' 속에 자리 잡게 된다. 『강철서신』은 일상 속에서 지켜야 할 일꾼의 아홉 가지 덕목을 거론하면서 마지막 항목을 다음과 같이 끝맺는다. "술과 담배는 되도록 줄인다. 특히 제국주의 문화 수용을 단호히 거부하고 민족 생활 문화를 일상 속에 깊숙이 뿌리내린다(커피와 콜라 안 마시기, 청바지 안 입기)."[13] 그런 의미에서 1990년대 대학교 캠퍼스에서 흔히 목격할 수 있었던 NL 운동권들의 '양키 문화' 쫓아내기는 남한 주사파의 존재 이유 자체였던 셈이다.

노동운동의 조직화에서 북한이 모델화되는 것은 이런 배경 아래에서다. 『강철서신』에서는 노동운동을 조직하는 원칙으로 품성론 중심의 사상 학습을 강조한다. 그런데 이 사상 학습에서 "현 체제는 독재 체제라느니, (…) 노동자는 단결해야 된다느니, 노동자가 주인이 되는 세상을 만들어야 된다느니, 삼민운동이 어떻고 삼반세력이 어떻다느니, 남한은 제국주의가 지배하기에 이를 몰아내야 한다느니" 하는 이야기는 "먼 나라 남의 얘기나 잠꼬대"라 규정된다.[14] 왜냐하면 불과 몇십 킬로미터 떨어진 곳에 "우리와 같은 언어를 쓰고 같은 문화적 전통을 가진 사람들"이 "강한 자발적 의지를 갖고 노동하며", "자신의 창의력을 충분히 발휘하고 협의와 협조를 통해 생산 활동을 수행하고"[15] 있기 때문이다. 이때 북한을 모델로 하기 위해 필요한 학습이 "한국혁명투쟁사", 즉 "동학농민혁명"에서 "항일유격투쟁"을 거쳐 "한국전쟁"에 이르는 역사라고 규정된 점이 중요하다.[16] 이는 훗날 '종북'이란 말로 전유될 남한 주사파의 북한 추종이 김일성의 항일무장투쟁에서 비롯됨을 말해준다. 즉 남한 주사파는 '품성론'을 매개로 북한을 역사 기억 속에 재소환한 존재들인 것이다. 이제 그 재소환의 의의를 음미해볼 차례다.

품성론과 범죄와의 전쟁

항일무장투쟁 당시 어머니의 품성을 20세기 후반 남한에서 체제 변혁의 기초로 삼겠다는 발상은 적어도 두 가지 물음을 회피할 수 없다. 첫 번째는 1930년대 식민지 지배 상황이 20세기 후반 남한과 중첩될 수 있느냐는 것이고, 두 번째는 품성이 일꾼의 몸가짐과 마음가짐인

한에서 그 일꾼은 도대체 무엇을 위해 그런 마음가짐을 가져야 하냐는 것이다. 첫 번째는 이른바 사회구성체에 대한 물음이고, 두 번째는 남한의 혁명 전략에 관한 물음이다. 남한 주사파는 식민지반봉건론과 반제투쟁에서 답을 찾았다. 식민지반봉건론은 1920년대 코민테른의 중국 문제 개입(국민당과 공동전선 수립)에서 시작하여 1930년대 중국과 일본과 식민지 조선, 해방 후 남북한에서 저마다의 맥락으로 전개된 '사회구성체'론이라 할 수 있다.[17] 이는 각 국가/지역의 '현 단계 자본주의'를 가늠하여 혁명의 전략/전술을 도출하는 레닌 제국주의론 이래의 마르크스주의 문법에서 비롯된 이론이다. 남한 주사파에게 식민지반봉건론은 항일무장투쟁을 배경으로 한 품성론이 당대 체제에서 유효함을 변증해주는 이론으로 받아들여졌다. 이를 통해 그들은 '양키 고홈'이란 슬로건으로 상징되는 반미투쟁, 즉 반제국주의투쟁을 전략/전술로 삼을 수 있었다.

그러나 남한 주사파의 독특성은 이런 식의 이론적 자기 변증이 궁극의 국면에서 불필요했다는 점이다. 물론 식민지반봉건론에서 식민지반자본주의론에 이르는 NL파의 사회구성체론은 학계와 운동권 사이에서 치열한 논쟁거리였다. 1985년 『창작과 비평』 지면에 전개된 박현채와 이대근의 논쟁을 시작으로 하여 사회구성체 논쟁은 1991년 소련의 붕괴 이전까지 남한 사회과학의 중심을 형성했다.[18] 그런 배경에서 남한 주사파가 스스로의 이론적 정체성을 그 논쟁 속에서 찾았고, 또한 그 논쟁에 적극적으로 참여하여 하나의 극을 형성한 것은 어찌 보면 자연스러운 일이었다. 하지만 남한 주사파에게 그런 이론 논쟁은 '없어도 될' 말싸움에 불과했다. 당대의 경험을 공유한 한 저널리스트에 따르면 남한 주사파들에게는 "이론의 취약함이 큰 문제가 되지 않았"고, "'철학과 사상으로서의 주체'가 아니라 운동가의 올바른 태도를 적시한 실천적 지침"이 바로 주체사상이었기 때문이다.[19] 그런 의미에서 식민지반봉건론과 반제투쟁은 코민테른 이래의 마르크스-레닌주의에 충실한 '현 단계 자본주의' 분석에서 도출된 '이론'이 아니었다. 그것은 '품성론'을 변증하기 위한 '장식'에 불과했다. 항일무장투쟁에서 도출된 품성론을 남한 변혁운동의 한가운데에 정위하기 위해 식민지반봉건론과 반제투쟁을 요청한 것이다.

여기에 기묘한 뒤틀림이 발생한다. 일꾼의 품성은 분명 변혁이라는 커다란 목표를 실현하기 위해 요청된 마음가짐이다. 그리고 그 변혁의 목표는 식민지반봉건론에 기반을 둔 반제투쟁이라는 전략 아래에서 반미-조국 통일을 실현하는 일이었다. 하지만 남한 주사파에게 이 인과론은 거꾸로 존립했다. 남한 주사파는 품성론을 변증하기 위해 항일무장투쟁을 소환했고, 거기서 식민지반봉건론이 도출되는 사고의 회로를 조직했기 때문이다. 즉 변혁이론의 측면에서 보자면 품성을 체화한 일꾼이 식민지반봉건 사회인 남한에서 반제투쟁을 조직하여 자주적 조국 통일을 이루는 것이 하나의 내러티브라면, 실제 남한 주사파에게 선택과 목표는 품성을 체화하기 위해 요청되는 일련의 장식일 따름이었던 것이다. 남한 주사파가 세력을 얻은 1980년대 말에 이들이 북한의 주체사상과 달리 과도하게 품성론을 강조했다는 비판[20]이나 "변혁이론을 얘기하다 갑자기 품성을 강조하는 건 분명 당황스런 일"[21]이라는 한 PD파 이론가의 회고 모두 이런 맥락에서 이해되어야 한다.

그래서 품성론 과잉은 그저 운동의 몰지성화 혹은 규율화 따위를 의미하지 않는다. 오히려 1990년대로 접어드는 시점에서 남한 변혁 운동의 다수파가 당대 정세의 분석과 변혁 전략을 몸가짐과 마음가짐의 수련을 위한 장식으로 전도하여 체화했다는 사실이 중요하다. 이런 경향은 주사파가 태동한 1986년의 시점부터 예견된 것이었을지 모른다. 김영환의 회고에 따르면 일련의 강철 문건이 영향력을 발휘한 이유가 "오랜 서클주의와 MC-MT 다툼 등으로 신물이 나 있던 운동권 학생들"이 "솔직·소박·겸손·성실·용감을 운동가의 5대 품성"으로 꼽는 데 "신선한 충격"을 느꼈기 때문이다. 그리하여 "밤새도록 술 마시고 밥 먹듯 강의에 빠지고 생경하고 과격한 용어를 사용하여 대중과 스스로 멀어지면서 그것을 '운동가의 징표'처럼 삼았던 당시의 대학가 분위기를 일시에 바꾼 계기"를 마련한 것이다.[22] 그런 의미에서 남한 주사파는 당대의 노선투쟁에 새로운 분할선을 그은 것이라 할 수 있다. 그때까지의 노선투쟁이 한국 사회의 성격과 투쟁 방향에 대한 싸움이었다면, 남한 주사파의 등장은 변혁운동이 결국 일상생활 태도에서의 몸가짐과 마음가짐에 달렸으며, 이에 따라 주체를 형성하고 대중 속으로 들어가는 일이 최우선 과제일 뿐 아니라 최종 목표가 되었음을 보여주기 때문이다. 주사파에게 주체는 정치적 political, polis의 일과 관련된 주체가 아니라 지극히 사적 private, oikos의 일과 관련된 일상의 주체였던 셈이다.

그런데 품성론을 강조한 남한 주사파가 1990년대 이후 대학가에서 폭발적 세력 확장을 이룬 것은 매우 의미심장하다. 1990년대 이후 남한 사회는 '성숙'과 '정상'에 기반한 사회 규범을 장기적 전망 속에서 형성하기에 그렇다.[23] 1987년 6월항쟁과 1988년 서울올림픽을 거치면서 남한 사회의 체제는 급격한 변화를 겪는다. 재야라 불리던 세력이 제도 정치의 틀 안에 자리 잡으면서 제도적 민주주의가 안정화의 길을 걸었고, 대규모 노동자투쟁을 통해 노동 인권이 경제 제도와 문화 속에서 시민권을 얻었으며, 주택 200만 호 건설이란 슬로건이 보여주듯 아파트로 상징되는 주거 환경의 표준화 속에서 온 국민의 균질적 중산층화가 자연스러운 목표로 간주되었다. 자유화, 민주화, 균질화를 특징으로 하는 1990년대의 사회 변화는 여러 가지 층위에서 추동된 복합적 흐름이었지만 지배 블럭의 대응은 치밀하고 효과적이었다. 그 한 사례가 바로 '범죄와의 전쟁'이다.

때는 1990년대로 접어들고 있었다. 군사 정권의 강압적 통치에 시달리던 남한의 인민들은 시민과 노동자의 중첩되면서도 균열된 투쟁을 거쳐 해방 후 40년 동안 간직한 저마다의 차용증을 너도 나도 국가와 자본에 내밀었다. 누가 그 한이 서린 차용증을 접수하여 채무 관계를 청산할 수 있었을까? (비)공식 테러 조직(조폭과 군/검찰/경찰/정보기관)을 앞세워 육체와 생명을 유린한 국가의 채무는? 『자본』의 체계적 착취exploitation라기보다는 『영국노동계급의 상황』의 엥겔스도 놀랄 만한 수탈expropriation로 성장한 자본의 채무는? 단 한 번도 채무자의 목소리를 들은 적 없던 국가와 자본의 대응 방식은 역시 노련하고도 교묘했다. 그들은 산더미 같은 채무를 당장 갚기보다는 긴 시간에 걸쳐 털어내려 했기 때문이다. '범죄와의 전쟁'이 하나의 신호탄이었다.

선봉대는 '네 번째 권력' 언론이었다. 『조선일보』 김대중 주간은 1990년 9월 2일자 칼럼 「범죄전쟁을 선포하라」에서 "지금 우리에게 무엇보다 중요하고 시급한 것은 우리의 성정을 바로잡는 일"이라 지적하면서 한 대학교수의 말을 인용한다.

> 신성한 학문의 전당, 최고 지성의 상아탑이라면서 폭력(반정부는 말할 것도 없고, 학생들끼리 이해가 상반될 때도), 독단, 오만, 방만이 판을 치고 있습니다. 교내에 쓰레기 천지고, 방뇨에 음주, 고성방가에다 복도에도 가끔 가래침까지 뱉습니다. 학생들의 모든 행동과 생각은 옳고 정당하기 때문에 이를 불평하는 자는 전부 반민중이고 반민주라니, 그런 적반하장이 어디 있습니까?

뒤이은 부분에는 역시나 전가의 보도인 북한 찬양을 고발하는 내용으로 채워지지만 그것은 그저 클리셰로서 기껏해야 핵심을 엄폐하는 역할에 지나지 않는다. 여기서의 핵심은 학생들의 '일탈'이지 '이데올로기'가 아니기 때문이다. 이념이 아니라 성정이 칼럼 제목인 까닭이다. 그래서 민중민주주의를 표방하는 학생들은 정치가 아니라 범죄의 자장 속으로 배치된다. "범죄의 양상도 문제이지만 범죄를 저지르는 인간들의 태연함, 뻔뻔스러움은 이제 한 국민의 본성까지를 의심하지 않을 수 없을 만큼의 상황"으로 대학생들의 행위와 성정은 우려되며 이를 방치할 수는 없다. "우리의 선배들이 어떻게 자신을 희생하면서 지켜온 민족인데 여기서 버려진 쓰레기더미에 깔려 하찮은 존재로 타락할 수는 없는 일"이기에 그렇다. 여기서 정치는 새로운 역할을 떠맡게 된다. "그러니 이제는 정부와 정치권이 사회의 기강, 국민의 도덕심을 바로 세우겠다는 기치를 높이 들고 우리 앞에 서야 한다.

(…) 어느 정도 기강이 잡힐 때까지 (…) 반사회적, 반인륜적 흉악 범죄를 충격적 방법으로 단죄하는 비상 국면의 분위기를 조성할 필요가 있다. (…) 정치여, 부디 이 일부터 도와 달라."

남한의 군사 정권이 집권 직후 '사회 정화'의 명목으로 '부랑아'나 '폭력배'의 소탕을 반복했음은 주지의 사실이다. 노태우 정권의 '범죄와의 전쟁'은 그런 계보 속에 접속되는 정책이라 할 수 있다. 하지만 이것이 녹화 사업이나 삼청교육대와 다른 지점은 사회 규범을 일탈=범죄의 가시화를 통해 실정화함으로써 '정상 시민'을 무정형적으로 형상화했다는 점이다. 이후 1991년의 대규모 학생시위를 거쳐 공안정국이 자리 잡는다. 그런데 이 공안정국은 간첩단 조작 등의 고전적 수법보다는 새로운 유형의 사회적 낙인 방식으로 조성된다. 바로 유서 대필 사건이나 정원식 총리 계란 투척 사건 등 이른바 '운동권'의 비도덕성 혹은 퇴행성을 강조하면서 일탈-범죄 행위를 전면에 내세웠던 것이다. 4년 후 서강대학교 박홍 총장은 청와대에서 학원가에 만연한 주사파의 존재를 공개적으로 비난하고 나선다. 1994년 7월에 박홍은 다음과 같이 말했다.

> 주사파와 우리식 사회주의기 제한된 학생들이긴 하지만 생각보다 깊이 침투해 있다. 북한은 학원에 테러 조직 등 무서운 조직까지 만들었다. 선량한 학생들은 사상적 방황을 하다가 주사파에 말려든다. (…) 주사파 뒤에는 사노맹이 있고, 사노맹 뒤에는 북한 사노청, 그 뒤에는 김정일이 있다. 학생들은 팩시밀리를 통해 직접 지시를 받고 있다.[24]

대학에 주사파가 있다는 사실 말고는 모두 '헛소리'인 이 발언은 그럼에도 1990년대 지배 블럭의 전략을 여실히 보여준다. 여기서의 초점은 주체사상을 신봉했다는 이적 행위가 아니다. 오히려 문제는 이데올로기의 위험성보다는 주사파들의 퇴행성이라 할 수 있다. 실제로 박홍 총장이 발언한 후 언론은 주사파들의 이념보다는 폭력과 일탈이라는 비정상적 행태에 초점을 맞춘 보도를 쏟아냈다. 이는 보수 언론만이 아니라 비교적 '진보적'이라 평가될 수 있는 이들 또한 공유한 인식이다. 일례로 1994년 9월 7일에 김찬국, 장을병, 함세웅은 남한 민주주의의 현 상황에 대해 박홍 총장의 주사파 발언을 아젠다로 삼아 좌담회를 가졌다.[25] 그 타이틀은 '주사파 논쟁의 시대착오와 민주 사회의 길'이었다. 좌담의 초점은 박홍 총장의 주사파 발언이 시대를 거스르는 색깔론이라는 것이었지만 주목해야 할 것은 주사파보다도 민주주의를 위태롭게 하는 것으로 간주된 청년들의 '품성'이다.

지금 젊은이들에게 만연된 심각한 문제를 알아야 합니다. 최근 들어 젊은이들의 역사의식이나 사회의식이 줄고 오렌지족이나 야타족이니 하는 아이들이 늘고 있어요. 감정적이고 소비 지향적인 젊은이들이 급격히 느는데 정부나 교육 기관이나 언론이나 종교 지도자들은 이러한 여러 현상을 종합적으로 분석하고 그 문제의 공통점 같은 것을 발견하여 이를 해결하도록 해야 합니다. (…) 때 아닌 사상 논쟁으로 학생이나 사회가 바로 서는 것은 아닙니다. 그래서 저는 주사파라는 용어 자체를 쓰지 않습니다. 지금 젊은이들은 비판 의식 없이 물질주의, 쾌락주의 풍조에 녹아버리거나 이러한 것에 대하여 극단적 저항감으로 자본주의 체제 자체를 거부하려고 하는 경향이 함께 나타나고 있어요. 이기적이고 극단적인 개인주의, 수단과 방법을 가리지 않고 권력과 돈을 벌어들이면 그만이라는 이 사회의 암병을 치료해야 합니다. 이러한 풍조가 아마 주사파보다는 더 우리 사회나 대학 사회에 막대한 영향을 주고 있을 것입니다.[26]

좌담의 참석자들은 대학 내의 주사파들을 색깔론으로 단죄하는 경향에 단호히 반대한다. 이들에게 당시의 주사파 논란은 어디까지나 '이념적'인 것으로 간주되었던 것이다. 하지만 앞의 인용문에서 보듯 이들은 당대 민주주의에 대한 위협을 물질주의와 쾌락주의에서 찾는다. 1990년대 이래 폭발적으로 확장된 소비자본주의의 문화 현실을 위협으로 느낀 것이다. 그런데 이런 우려와 보수 언론의 운동권 비난 사이의 거리는 얼마나 될까? 보수 언론이 주사파로 대변되는 운동권의 이념보다도 폭력과 일탈을 우려하는 심성과 '진보'파 지식인들이 젊은이들의 물질주의와 쾌락주의를 우려하는 심성 사이의 거리는 얼마나 될까?

가늠하기는 매우 곤란하다. 다만 '박홍'과 '함세웅' 사이에서 남한 주사파가 스스로의 품성론을 유지했다는 사실만을 확인해두자. 주사파의 품성론은 폭력, 일탈, 소비, 쾌락 등의 규탄으로만 성립할 수 있는 민주 사회의 정상성을 배경으로 다양한 사회 영역에서 살아남을 수 있었다. (이른바 진보적 사회 진출 따위의 자기 합리화) 그것은 매우 자연스러운 일이었다. 이들에게 현실 사회주의권의 붕괴나 북한의 실상 따위는 아무런 영향을 미치지 못했기 때문이다. 만약 주체사상이 현재의 분석과 미래의 전망을 제시하는 '과학'이었다면 주사파는 심각한 타격을 입었을 것이다. 현실 사회주의는 붕괴했고 북한의 실상은 처참함을 넘어선 수준이었기 때문이다. 하지만 주사파는 끄떡없었다. 이들에게는 어떤 상황에서도 지속되는 일상이 중요했고, 그 안에서 견지되어야 할 자주성, 창조성, 의식성, 즉 품성이 중요했기에 그렇다.

김영환의 '전향'을 알린 것은 1995년의 한 인터뷰와 「세상이 바뀌면 시대정신도 바뀌어야 한다」(1996)는 에세이였다. 이 두 텍스트는 주사파의 품성론이 1990년대의 민주 사회와 어떻게 조화를 이루는지를 여실히 보여준다. 김영환은 당시 북한 당국의 지도 아래에 지하 전위당 '민혁당'을 이끌었지만 북한 체제에 대한 환상을 대부분 저버린 상태였다.[27] 그럼에도 여전히 그는 주체사상을 스스로의 신념으로 내세운다. 이를 위해 주체사상으로부터 '북한'이라는 요소를 철저히 지워버린다.

> 주체사상이 김 주석에게서 출발했지만 김 주석의 말들에는 민족주의적인 것이나 마르크스·레닌주의적인 것들이 섞여 있습니다. 그리고 김 주석이 주체사상의 이론에 관해 직접 쓴 문건이 없고 학자들이 김 주석의 말을 바탕으로 이론화했기 때문에 더욱 신경 써야 합니다. (…) 실제로 주체사상의 핵심적이고 철학적인 문제와 민족주의적인 입장에서 제기되는 현실의 이론들과는 직접적 관련성이 별로 없습니다. 예를 들어 주체사상의 지도 원칙에서 '정치에서의 자주, 경제에서의 자립, 국방에서의 자위, 사상에서의 주체'라는 것이 있습니다. 이런 것들은 그 자체만을 원론적 차원에서 보면 옳은 이

야기일 수도 있습니다. 그런데 그것이 주체사상의 가장 기본적이고 핵심적인 철학적 내용인 '사람이 모든 것의 주인이고 모든 것을 결정한다.', '사람은 자주성·창조성·의식성을 가진 사회적 존재다.'라는 명제하고 어떤 관련성이 있습니까? 예를 들어 '경제에서의 자립'이란 원칙은 현실에서는 폐쇄적 자립 경제 노선으로 나타나는데 민족주의적인 것은 될지언정 이것과 철학에서의 자주성 문제와 무슨 연관이 있습니까.[28]

앞에서 언급된 주체사상의 지도 원칙은 남한 주사파의 '경전'이었던 김정일의 「주체사상에 대하여」에 등장하는 강령이다. 여기서 김영환은 주체사상을 북한 당국과 분리하려 했음을 알 수 있다. 그리하여 김영환은 "순수한 주체사상은 어디에?"란 물음에 "철학적 부분만이 남습니다."라고 답한다.[29] 품성론은 항일무장투쟁의 기억을 현존하는 남한의 역사 기억에 대항함으로써 체제에 대한 반란을 매개했다. 북한은 그렇게 남한 사회에 하나의 반란 표상으로 등장했음은 살펴본 바 있다. 그러나 1995년 시점에 항일무장투쟁(김일성)과 북한은 주체사상으로부터 추방된다. 이후 실제로 김영환은 민혁당 사건으로 말미암아 국정원의 조사를 받고 공식적으로 '전향'한다.[30] 하지만 이 전향을 전향으로 볼 수만은 없다. 남한 주사파의 자기 정체성의 핵심은 항일무장투쟁과 북한이라기보다는 품성론이었기 때문이다.

인류의 본질적 요구, 본질적 과제는 사람이 혹은 대중이 진정한 주인이 되는 것이다. 구체적으로는 자연과 사회의 주인이 되는 것, 정치의 주인이 되고 경제의 주인이 되고 문화의 주인이 되는 것이다. 옛날에는 생산력 수준이나 사회 제도적 장애가 사람이 주인이 되는 데서 주된 방해 요인이었다면, 지금은 사람 자신이 주된 방해 요인이다. 정치의 주인이 되는 데서 제도적 방해 요인은 방해 요인 중에서 차지하는 비중이 10퍼센트도 되지 않고, 주로 사람 자신이 정치에 적극 참여하는 것의 중요성에 대해 각성되지 않았다든지, 사회 정치 활동을 통해 기쁨과 행복을 느끼고 누릴 수 있는 훈련과 마음의 준비가 되지 않았다든지 하는 것이 주된 요인이다. 서구에서나 구사회주의권에서나 참여민주주의를 위해 좋다는 제도들은 있는 대로 다 사용해봤지만 모두 비참한 실패로 귀결될 수밖에 없었다. 정말 한심한 수준의 투표율이 이를 명백히 증명해주고 있다. 일정 수준 민주화가 이룩된 조건에서의 참여민주주의는 제도의 문제가 아니라 결국 사람의 문제라는 것을 이것이 잘 보여주고 있다. 바로 사람을 변화, 발전하게 하는 사업이 당장 가장 중요한 사업으로 우리 앞에 놓여 있다.[31]

놀라울 것은 없다. "수령님께서는 자주성, 창조성, 의식성이 사회적 존재인 사람의 본질적 특성을 이룬다는 것을 밝히심으로써 사람에 대한 새로운 철학적 해명을 주시었습니다."[32] 김영환은 김정일의 이 말에서 '수령'만을 삭제할 수 있었다. 식민지반봉건론과 반제투쟁이 그랬듯 항일무장투쟁과 북한은 이 지점에서 품성론을 변증하는 도구 혹은 분장으로 전락한다. 남한 주사파의 생명력은 여기에 있다. 시대가 아무리 바뀌어도 남한 주사파는 북한의 인권운동으로, 진보정당으로, 민주 시민으로 살아남는다. 주사파의 알파이자 오메가인 품성론이 논리나 역사를 모두 도구로 활용했다 폐기할 수 있는 강력한 (무)체계였기에 그렇다.

이런 의미에서 남한 주사파는 제국 일본의 패망과 함께 벌어진 대대적 전향의 양태를 반복한다. 단순히 유사한 성격을 발견할 수 있다는 차원의 이야기가 아니다. 오히려 두 양태의 유사성은 필연적인 것이라 할 수 있다. 두 사태 모두 식민주의가 탈식민의 기획을 비껴가며 존속하는 전형적 경로를 공유하기 때문이다. 제국 일본이 표방한 '대동아공영권'이란 이념이 침략을 은폐하는 이데올로기임과 동시에 서구 근대의 보편주의를 비판하는 이념이었음을 염두에 둘 때 패망 후의 대대적 전향은 반서구-반보편주의가 어떻게 보편주의의 의장으로 존속하는지를 보여주는 전형이다. 주사파의 경우 이 양태는 반미-반제 이념이 인권이란 보편주의로 갈아탐으로써 반복된다. 그리고 두 경우 모두 이 전향 아닌 전향은 탈식민의 기획이 '보편 인류', '인권' 혹은 '정상 시민'이란 관념 아래 망각의 늪으로 빠지는 사태다. 이제 50년이라는 시차를 두고 평행하는 비극과 소극을 병치하기 위해 패전 후 일본의 '전향' 상황으로 잠시 눈을 돌려보자.

전향 아닌 거대한 전향

1995~1996년에 전향의 뜻을 피력한 바 있지만 김영환의 '공식' 전향은 1999년 10월 4일자로 작성된 '반성문'이 공개됨으로써 이뤄졌다. 이 반성문에서 김영환은 북한을 추종한 것이 완전히 잘못된 선택이었으며, 주사파가 남한의 학생운동을 주도하게 만든 점을 뉘우쳤다.[33]

이후 김영환은 한 언론 인터뷰를 통해 스스로의 반성문을 사상 전향이라기보다는 '인식의 전환'이라 자리매김하며 다음과 같이 말했다.

급진적 마르크스주의자도 북한의 실상을 알면 나보다 더 비판적일 것이다. 고민이 시작된 것도 80년대 말~90년대 초였다. 동유럽 사회주의국가의 해체를 보면서 프롤레타리아 독재나 인류의 역사 발전 5단계에 대해 의심을 갖기 시작했다. 변화를 받아들이려 한 것이다. 이것이 우경화라면 할 수 없다.[34]

주지하다시피 이런 입장은 전형적 전향 선언으로 이해되어왔다. '전향'이란 1920~1930년대 일본에서 등장한 용어로 공산주의자들이 국가 권력의 강요로 스스로의 사상과 정치적 입장을 폐기하고 천황제국가에 귀의하는 일을 뜻한다. 그렇기에 전향이란 철저히 국가 권력의 입장에서 공산주의자의 입장 전환을 포착한 용어라 할 수 있다. 당대의 동지들이나 후대의 공산주의자들의 입장에서 보면 전향이란 당과 이념을 배신한 변절에 지나지 않기 때문이다. 그렇기에 전향은 항시 풀기 어려운 문제를 내포한다. 스스로의 입장 전환이 권력의 강요에 못 이긴 일이라 하더라도 '전향'의 당사자들은 '변절'한 배신자라는 자기 정체성을 타자의 시선을 통해 끊임없이 확인할 수밖에 없다. 즉 '전향'과 '변절' 사이에서 당사자는 극복하기 곤란한 자아의 분열을 겪으며, 여러 갈래의 길을 따라 당사자의 삶은 분열을 살아내야만 했다. 이런 측면에서 보자면 김영환도 역시 전향과 변절 사이에서 분열을 경험한 듯 보일지 모른다. 하지만 그는 전향과 변절 사이의 고통스러운 분열의 경험에서 헤어나오지 못한 공산주의자라기보다는 놀랍도록 쉽사리 전향과 변절이라는 프레임으로부터 스스로를 구출해낸 일본 전후 민주주의의 전도사들과 같은 길을 간다. 1960년대 후지타 쇼죠藤田省三의 전향 연구는 그 내적 경로를 규명하는 데에 초점을 맞춘다.

1960년대 일본의 '사상의 과학' 그룹이 기획한 '전향'의 기념비적 공동 연구는 방대한 자료를 구사하여 여러 가지 사례 연구로 이뤄진 것이다.³⁵ 여기에 참가한 후지타는 1920~1930년대의 전향 '당사자들'이 1945년 패전 이후 어떤 정신적 삶의 궤적을 보여주는지를 추적하면서 패전 후 일본에서의 자유와 민주주의를 가늠하려 한다. 그는 벌린Isaiah Berlin을 인용하면서 자유를 소극적 자유와 적극적 자유로 구분한다. 전자가 사상과 행위를 외부의 힘으로부터 수동적으로 방어하는 자유라면, 후자는 사상과 행위의 규율을 스스로가 만들어가는 자유다. 따라서 전자는 사적이고 내면적인 영역으로 숨어드는 자유인 반면, 후자는 스스로의 준칙을 보편 타당한 것으로 세워 타자와 공유하려는 자유다. 후지타는 패전 전의 전향자들이 후자보다는 전자의 자유를 택함으로써 스스로의 전향을 반성했다고 평가한다. 전향을 강요당했지만 스스로가 변절했다는 사실에는 변함이 없기에 보편 타당한 윤리를 타자와 공유하자고 적극적으로 나설 수 없었기 때문이다. 이것이 후지타가 평가하는 전향자의 패전 후 삶이며, 후지타는 이를 통해 패전 후 일본의 민주주의와 자유가 어떤 한계를 내포하는지를 석출했다.³⁶

그런데 후지타는 전향 공산주의자의 자기 반성과 함께 "천황제국가와 '국민' 자체의 '전향'"37 문제를 패전 후 일본의 전향 문제로서 제시한다. 귀축미영鬼畜米英을 물리치고 천황을 정점으로 하는 팔굉일우 八紘一宇의 이상향을 건설하자던 대동아공영권의 이념은 온데간데없이 하루아침에 민주주의와 평화주의를 구가하는 패전 후의 격변을 전향으로 포착한 것이다. 이런 급격한 변화는 한 해군 병사의 일기에서 극적으로 확인된다. 해군으로 참전하여 1945년 9월에 귀향한 한 병사의 일기는 점령군 주둔에서 신헌법 개정 논의까지 10개월 동안의 세태를 기록한 것이다. 여기서 해군 병사는 열렬한 군국주의자로서 천황을 숭배하던 입장을 버리고 복무 기간에 받은 월급 전액을 황궁으로 되돌리는 급격한 심경 변화를 보여준다.38 천황부터 시작하여 세상 모두가 '성전聖戰'을 반년 만에 망각하고 점령군의 시책에 열렬히 환호하는 모습에 격렬한 분노를 느꼈던 것이다.

　해군 병사의 분노는 이해할 만한 것이었다. 태평양전쟁을 아시아 해방전쟁 혹은 진정한 세계사의 개시를 알리는 계기로 전유하여 환호한 수많은 '먹물'이 패전 직후 너도나도 앞장서서 미국과 영국에 보조를 맞춘 문화국가 혹은 평화국가를 국시로 채택할 것을 설파했기 때문이며, 정부와 언론뿐 아니라 국민 모두가 너무나도 쉽게 전쟁을 죄악시하여 점령군을 절대적 통치자로 환영했기 때문이다.39 후지타가 국가와 국민 자체의 전향이라 부른 것은 이런 사태였다. 그런데 그는 이 '거대한 전향'이 1920~1930년대의 전향과 질적으로 다르다고 평가한다. 비록 강요된 것이었지만 당시의 전향은 신념 체계의 폐기를 의미했다. 따라서 신념 체계 자체의 유효성이 다했든, 외적 상황으로 신념 체계를 지키지 못했든 전향자는 내적으로 신념의 폐기를 감내

해야 했고, 외적으로 신념에 따른 삶을 포기해야 했던 것이다. 하지만 후지타에 따르면 이 거대한 전향에는 그런 수치심과 침묵이 없었다.

천황제국가나 대동아공영권이 하나의 신념 체계인 한에서 패전은 물론 전향의 계기일 수 있다. 그러나 계기는 사태를 추동할지언정 정당화하지는 못한다. 이 경우 전향이 전향으로 성립하기 위해서는 패전 때문에 천황제국가나 대동아공영권이 이제 지탱될 수 없다는 것만으로는 부족하다. 전쟁이 체제나 이념을 수호하고 실현하기 위한 '수단'이라면 '수단'의 오류 혹은 실패가 '목적' 자체의 폐기로 곧장 이어지지는 않기 때문이다. 전향이 성립하기 위해서는 수단의 실패가 목표 자체의 반성을 이끌어내야 하는 것이다. 하지만 전후의 거대한 전향은 수단의 오류와 실패가 목적에 대한 반성을 봉쇄한 결과였다. 왜 그랬을까? 후지타의 답은 마루야마 마사오丸山眞男의 고제高弟답게 스스로 결단하는 주체의 결여라는 일본의 고질적 병폐 속에서 탐구된다.

그는 천황제국가나 대동아공영권이 진정한 이념이었다면 패망으로 선택할 수 있는 길은 두 가지라 지적한다. 하나는 이념의 실패를 인정하고 반성한다는 '실질적' 표명(천황의 퇴위)이고, 다른 하나는 패망은 인정하되 이념의 실패는 인정하지 못하겠다는 극단적 선택(자결)이다.[40] 하지만 천황은 퇴위하지 않았고, 군국주의자들의 자결은 실패했거나(도죠 히데키) 실행되었더라도(고노에 후미마로) 자신의 명예 때문이었다. 그렇기에 이 전향 아닌 전향은 하나의 이념을 스스로의 사상과 행위의 준칙으로 삼아 결단하는 주체의 결여를 여실히 보여주는 사례인 것이다. "힘에서의 패배가 즉각 이념의 자발적 포기를 초래하는 일본적 전향의 전향은 좌익이 아니라 오히려 천황제의 최상

충군에게야말로 고유한 것이었다."⁴¹

이렇듯 패전 후 일본의 거대한 전향은 신념 체계의 전환이라기보다는 힘에 대한 굴종의 산물이었다. 전향을 '사상사적'으로 연구하려던 후지타에게 진정한 문제는 여기에 있었다. 패전 전의 전향 공산주의자들이 아무리 강요된 전향으로 변절했다 하더라도 패전 후에 그들은 모두 전향을 (긍정적이든 부정적이든) 이념과 신념의 차원에서 자기 반성과 정치 행위의 준칙을 위해 전유했다. 그런 의미에서 공산주의자들의 전향은 말 그대로 '회심conversion'과 관련된 사태일 수 있었다. 하지만 패전 후 일본의 기초가 된 거대한 전향, 즉 전향의 문턱을 넘지 못한 사이비 전향은 천황제국가와 결별하고 새로운 공적 준칙 위에서 민주주의와 자유를 낳지 못했다. 그것은 소극적 자유에서 출발하여 적극적 자유로 전화되는 자유의 변증법(하버마스)⁴²을 결여한 (비)정치 체제로 귀결되는 것이다.

그렇다면 이 거대한 전향 아닌 전향을 가능하게 한 것은 무엇인가? 다시 말하자면 무엇이 전향 아닌 전향을 하나의 전향으로, 즉 이념적 자기 반성에 기초한 체제의 근본적 변혁으로 분식하는 착시 효과를 만들어낸 것인가? 그것은 바로 보편 인류와 일본 민족이라는 이념 아닌 이념이다. 패전 후 일본의 교육 개혁을 주도한 난바라 시게루南原繁의 언설이 그 전형적 모습을 보여준다.⁴³ 칸트 철학 전공자인 그는 패전 직후 앞으로의 일본인이 근대 계몽주의의 이상인 자립적이고 자율적인 인간으로 거듭나야 한다고 주장했다. 이는 일본 민족이 다른 민족(결국 모든 인간)보다 우수하다는 인종주의가 패전 전의 일본을 지배했으며, 이로부터 칸트 계몽주의의 보편 인류 이념을 배반하여 세계를 어지럽혔다는 비판이었다. 따라서 전후 개혁은 평화를 추구하는 보편 인류의 이상에 바탕을 두어야 하며, 그랬을 때 일본은 진정으로 세계를 주도하는 국가로 거듭날 수 있다는 것이 난바라의 주장이었다.

이런 기본 구상 위에 일본 민족은 개인과 인류를 매개하는 구체적 실존으로 자리매김된다. 개개인은 모두 민족이란 공동성 위에서 보편 인류의 이상을 실현하기 위해 노력해야 한다는 것이다. 난바라는 칸트와 피히테J. G. Fichte의 철학을 결합함으로써 보편 인류의 이상이 상이한 역사와 관습을 갖는 각 민족 고유의 노력에 힘입어 실현될 것이라 보았다. 보편 인류로 호명된 개개인은 그 안에 아무런 차이를 내장할 수 없는 추상적 규정이기에 민족이라는 역사 공동체가 매개되어야만 구체적 현실 속의 인간으로 사념될 수 있기 때문이다. 즉 인류라는 추상체에 구체적 실존 형식을 부여해야만 일본 민족의 사명이 변증될 수 있었던 셈이다. 그런 의미에서 난바라의 기획은 보편과 개별을 매개하는 민족을 통해 인류라는 추상체에 구체적 실존성, 즉 육체를 부여하려 했던 것이라 평가될 수 있다.

하지만 난바라의 이런 시도는 역설적이게도 구체적 실존의 철저한 말소 위에서 가능한 것이었다. 그는 전후 일본 민족을 구상하는 가운데 "외지이종족이 떨어져 나간 지금"이라는 말로 일본 민족을 사념하기 때문이다. 이는 식민지 지배의 기억을 말소한 위에서 보편 인류의 구체적 현 상태인 일본 민족을 사념할 수 있음을 의미한다. 이때 천황제국가와 대동아공영권이란 이념을 대체할 보편 인류라는 이념의 실체가 무엇이었는지 드러난다. 천황제국가와 대동아공영권이란 제국 일본의 식민 지배와 침략 전쟁을 분식하는 이념 체계였으며, 그런 한에서 이른바 '공영권' 내의 식민주의적이고 인종주의적인 폭력적 위계질서를 '동아'라는 균질적이고 추상적인 주체로 은폐했다. 이와 마찬가지로 패전 후의 보편 인류와 일본 민족이라는 이념은 피식민지 인민들을 말소한 위에서 평화와 문화의 주체인 보편 인류와 일본 민족을 사념했다. 난바라는 외지이종족이 저마다의 자리로 돌아갔다고 생각했기에 세계에는 그저 보편 인류의 이념을 저마다의 역사와 관습 속에서 실현하고자 노력하는 '동등한' 민족들만이 실존한다고 본 것이다. 그 세계에는 불과 몇 년 전까지 '열등한' 종족으로 차별과 배제와 억압을 경험한 피식민자의 상처 난 육체의 자리는 없었다.

이것이 전향 아닌 거대한 전향을 가능하게 한 이념 아닌 이념이다. 난바라의 보편 인류와 일본 민족이란 이념은 천황제국가와 대동아공영권이란 유사 파시즘의 이념을 대체한 듯 보인다. 하지만 겉으로 보기에 전향의 두 축으로 보이는 이 두 이념은 하나의 근본적 토대를 공유한다. 바로 식민주의의 은폐다. 물론 이런 전후 민주주의의 이념을 바탕으로 일본 민족은 깊은 자기 반성을 거듭 표명했다. 하지만 그 반성은 결코 식민주의와 침략 전쟁의 가장 밑바닥에서 신음한 몸뚱이들이 아니라 보편 인류의 이상인 평화와 문화에 대한 것이었다. 이때 인권이나 민주주의는 천황제국가나 대동아공영권과의 철저한 비판적 대결 속에서 성립한 것이 아니다. 오히려 그것은 보편주의로 숙주를 갈아탄 식민주의의 존속일 수밖에 없다. 이런 측면에서 보자면 피식민 경험을 가진 지역의 탈식민운동은 모두 그런 보편 이념에 대한 근본적 비판을 내장한 것이었다. 탈식민운동의 주체는 모두 식민주의를 은폐하는 추상적이고 보편적인 인간 대신 고통에 신음하고 이웃과 함께 웃는 육체를 가진 사람을 주체로 사념하려는 기획이었기 때문이다.

　남한 주사파의 전향은 이 패전 후 일본의 전향 아닌 전향과 병치했을 때 비극을 반복하는 소극이다. 제국 일본의 패망과 뒤이은 거대한 전향이 식민주의가 보편주의로 숙주를 바꿔 기생하게 된 원풍경이었다면, 남한 주사파의 전향은 탈식민의 기억을 내장한 반란이 그 틀에 사로잡힌 채 초라한 반복을 연출한 것이었다. 주지하다시피 패전 후 일본의 전향 아닌 전향은 미국이 주도하여 동아시아의 질서를 재편한 한 축이었다. 그것은 오키나와와 한반도를 냉전의 전초 기지로 삼는 지정학적 전략 위에서 구축된 질서였다. 이를 위해 오키나와와 한반도에서의 식민주의는 정치적으로나 역사적으로나 문제시될 수 없었다. 식민주의가 문제시되자마자 상징천황-민주주의-평화주의로 옷을 바꿔 입고 미국의 파트너가 된 일본의 위상이 휘청거릴 수밖에 없었기 때문이다. 그런 의미에서 식민주의의 말소 위에 보편 인류-인권-평화-정상 시민을 프레임으로 하는 자유민주주의는 존립한다. 이런 토대 위에서 남한의 역사 기억은 주조되어왔으며, 이 맥락에서 남한 주사파는 식민주의에 대한 근본적 저항일 수 있었다. 그러나 그들의 전향은 대동아공영권에서 평화국가로 환복한 패전 후 일본이 일본 민족의 정신을 강조했듯 품성론을 매개로 북한과 항일무장투쟁을 쉽사리 저버리고 인권과 정상 시민으로 회귀할 수 있었다. 이렇듯 남한 주사파의 전향은 패전 후 일본의 전향 아닌 전향의 소극적 반복이었다. 패전 후 동아시아에서 이뤄진 냉전 질서가 식민주의의 존속이라는 비극이었다면, 그 논리를 반복한 남한 주사파의 전향은 낡은 질서 앞에서 탈식민의 몸부림이 우스꽝스레 고개를 숙인 소극이었던 셈이다.

인권과 정상 시민이라는 은어

아도르노는 하이데거의 '본래성'을 은어로 규정하면서 하이데거의 추종자들뿐 아니라 독일인 전체가 본래성이란 말을 통해 서로를 이해하는 하나의 비밀 집단이 되었다고 비판한 바 있다. 이들은 본래성이 무엇을 의미하는지 모르면서도 이 말을 서로 발화하면서 서로 간의 동질성을 확인하며 폐쇄적이고 비밀스러운 집단을 유지한다는 것이다.[44] 이런 측면에서 보자면 인권이란 본래성에 버금가는 은어로 기능한다고 말해도 가히 틀렸다거나 정치적으로 올바르지 못하다고 할 수 없을 것이다. 아도르노의 비판이 은어를 공유함으로써 여러 역사적 문제(특히 나치 경험)가 해결된 것인 양 간주하는 전후 독일 사회를 향한 것이었다면, 인권이란 말은 인간 세계의 여러 문제가 이 말로 전유됨으로써 문제의 역사성 혹은 정치성을 은폐하는 은어로 기능하기 때문이다.

남한 주사파의 원부原父 김영환의 전향은 이런 측면에서 음미되어야 한다. 『강철서신』을 알파이자 오메가로 하는 남한 주사파는 분명 항일무장투쟁을 역사 기억에 소환함으로써 반미-반제라는 탈식민운동을 추동했다. 이런 맥락에서 품성론에 대한 강조는 분명히 서구 근대의 보편 인류라는 추상에 대한 비판이었다고 평가될 수 있다. 균질적 개인이 아니라 주어진 역사적 국면 속에서 각기 상이한 임무를 짊어진 구체적 주체를 상정한다는 점에서 그렇고, 그 역사적 국면이 제국주의에 맞서는 탈식민운동(민족해방운동)이라는 점에서 반서구형 공동체를 상정한다는 점에서 그렇다. 물론 그런 기획이 원리적이거나 정세적으로 옳았는지 틀렸는지는 여기서의 관심이 아니다. 품성론을 중심으로 주조된 주체의 형상은 분명히 서구의 보편 인류(주사파의 눈에는 타락할 대로 타락한)에 맞서 다른 인간형을 제시하려는 시도였고, 그런 한에서 한반도를 짓눌렀고 여전히 짓누르는 식민주의에 대한 강력한 저항의 시도였다는 점이 중요하다. 남한 주사파는 북한을 역사 기억에 소환함으로써 이 기획을 전개했고, 주사파가 냉전 체제에 기생하여 식민주의를 존속한 군사독재에 대해 급진적으로 비판할 수 있었던 까닭이 여기에 있다.

　이런 맥락에서 김영환의 전향은 전향일 수 없다. 앞의 논의를 전제하여 말하자면 북한 체제에 환멸을 느꼈다고 탈식민이란 목적이 폐기될 이유는 없기에 그렇다. 하지만 그는 "항일무장투쟁의 신화와 친일파 청산, 토지개혁과 사회주의 건설! 일제의 강점과 분단 때문에 민족주의적 요구가 강할 수밖에 없는 분단된 한반도에서, '노린내 나는 양키의 군홧발 아래' 짓밟힌 남녘에서 자란 세대에게 외세로부터 자유로운 북"⁴⁵을 이상향으로 삼음으로써 탈식민이라는 이념과 북한이라는 현실을 동일시했다. 그리하여 북한 경험을 내세워 이념을 폐기한 것이다. 이는 패전 경험이 곧장 천황제와 공영권의 부정으로 나아간 제국 일본의 경험과 같다. 현실 경험과 이념 사이를 매개하는 비판적 자기 반성, 즉 회심이라는 계기가 결여된 것이다. 그리하여 그 자리를 메우는 것은 보편 인류 혹은 인권이다. 김영환이 전향 아닌 전향 이후 곧장 북한의 인권운동에 투신한 것은 어찌 보면 당연한 일이었다. 탈식민이란 목표를 저버린 품성론의 제작자가 역사성을 갖춘 구체적 인간 형상보다는 말도 몸도 고유성도 갖지 않는 추상적 인간으로 귀의하는 것은 자연스러운 일이었기에 그렇다.

이런 남한 주사파의 전개 과정은 시위 현장에서 이른바 '부랑아'들을 배제하여 건강한 시민을 추상화하는 운동권들의 행태나 광주항쟁을 '시민'들의 승리로 정의하며 역사화하는 흐름과 맞닿아 있었다. 식민 지배와 냉전 체제의 밑바닥에서 삶을 영위하며 폭력의 총알받이가 되어온 저 몸뚱이들은 서서히 인권의 이름으로, 망각의 구멍(아렌트)으로 내몰리는 중이었기 때문이다.[46] 그것은 결국 인권과 정상 시민을 전면에 내세우면서 구체적 몸에 가해진 폭력의 역사를 망각하는 일이었다. 그리고 인권과 정상 시민을 숙주 삼아 식민주의는 존속된다. 항일무장투쟁과 북한이라는 말소된 기억을 소환한 남한 주사파의 반란은 이렇게 종말을 맞이했다. 탈식민의 품성론이 인권과 정상 시민의 처세로 바뀌면서 말이다. 비극을 반복한 소극의 막이 내린다. 소극이 끝난 뒤 관객은 모두 인권과 정상 시민을 머리와 입에 담아 서로를 바라보며 미소를 짓고 집으로 돌아간다. 70여 년 전 열도의 관객들이 그랬듯 말이다.

1 「文 정부, 국가보다 민족 관념에 의존 ⋯ 매우 위험한 국정 운영」, 『문화일보』, 2019. 9. 18. http://www.munhwa.com/news/view.html?no=2019091801031630121001(2019. 11. 11. 검색.)
2 아래에서 논의는 '전향' 남한 주사파들의 행로 역정으로 한정한다. 이른바 '통진당' 사태 또한 반드시 다루어야 할 주제이지만 남한 주사파의 북한 전유를 식민주의의 변형과 존속 속에서 다루고자 하는 이 글의 문제의식에서 벗어나기 때문이다. '통진당' 사태에 관해서는 다음을 참조한다. 임미리, 「'경기동부연합'의 기원과 형성, 그리고 고립」, 『기억과 전망』 28호, 2013년. 이 논문은 통진당 해산 결정 전의 것이지만 거기까지에 이르는 과정에서 드러난 문제들을 꼼꼼하게 다룸으로써 2000년대 이후의 남한 주사파가 어떻게 '조직 논리'만으로 살아남았는지를 보여준다.
3 강철, 「노동자 조직을 만드는 것에 대하여」(1986).
4 「연재-80년대 이론가들의 90년대 읽기 (1): 반미, 북한, 90년대에 대한 나의 생각: '강철' 김영환 10년 만에 입 열다」, 『월간 말』 1995-4, 74쪽.
5 『강철서신』, 눈, 1989, 22쪽.
6 앞의 책, 25쪽.
7 박찬수, 『NL 현대사: 강철서신에서 뉴라이트까지』, 인물과사상사, 2018, 83쪽.
8 두 글이 모두 게재된 곳은 다음과 같다. 『주체사상 연구』, 태백, 1989. 이 책은 남한 주사파들의 필독 학습서였다.
9 이에 관해서는 다음을 참조한다. 이인수, 「김정일 주체사상의 형성과 변화」, 숭실대학교 통일

정책대학원 석사 논문, 1998. 또 김정일 체제가 성립된 후 주체사상의 위상 변화에 관해서는 다음을 참조한다. 정영철, 「주체사상의 순수 이데올로기화와 새로운 실천 이데올로기의 등장」, 『한국과 국제정치』 31-3, 경남대학교 극동문제연구소, 2015.
10 김정일, 「주체사상에 대하여」(1982), 『주체사상 연구』, 177쪽.
11 김정일, 「마르크스-레닌주의와 주체사상」(1983), 앞의 책, 234쪽.
12 『강철서신』, 29쪽.
13 앞의 책, 31쪽.
14 앞의 책, 47쪽.
15 앞의 책, 같은 쪽.
16 앞의 책, 53쪽.
17 동아시아 식민지반봉건론의 전개에 관해서는 다음을 참조한다. 홍종욱, 「주변부의 근대: 남북한의 식민지반봉건론을 다시 생각한다」, 『SAI』 17호, 2014.
18 여기서 국가독점자본주의, 주변부자본주의, 식민지반자본주의, 그리고 신식민지국가독점자본주의 등 이른바 '사회구성체' 논쟁에 대해 본격적으로 논의하는 일은 불필요할 것이다. 이에 관해서는 다음을 참조한다. 박현채·조희연 편, 『한국 사회구성체 논쟁』 I, 한울, 1989.
19 박찬수, 앞의 책, 80쪽, 89쪽.
20 김재기, 「80년대 사회 변혁 운동과 주체사상」, 『철학연구』 25호, 1989.
21 박찬수, 앞의 책, 93쪽. 이 회고가 게재된 곳은 다음과 같다. 이진경, 『주체사상비판』, 벼리, 1989.
22 김영환, 『다시 강철로 살아』, 시대정신, 2015, 124~125쪽.
23 이에 관해서는 다음을 참조한다. 김항, 『종말론 사무소』, 문학과지성사, 2016, 프롤로그.
24 박찬수, 앞의 책, 78쪽.
25 김찬국·장을병·함세웅, 「주사파 논쟁의 시대착오와 민주사회의 길」, 『기독교사상』 38호.
26 앞의 책, 54~55쪽.
27 이에 관해서는 다음을 참조한다. 김영환, 앞의 책. 물론 '사후 고백'이기에 진실성을 가늠할 길은 없지만 범민련을 둘러싼 NL 내부의 갈등이나 민혁당 핵심 간부들의 증언 등을 고려할 때 김영환이 1990년대 중반부터 북한 체제에 등을 돌린 것은 상당한 신빙성이 있다.
28 「연재-80년대 이론가들의 90년대 읽기 (1): 반미, 북한, 90년대에 대한 나의 생각: '강철' 김영환 10년 만에 입 열다」, 『월간 말』 1995-4, 76쪽.
29 앞의 책, 77쪽.
30 이에 관해서는 다음을 참조한다. 김영환, 앞의 책, 169~201쪽.

31 김영환, 「세상이 바뀌면 시대정신도 바뀌어야 한다」(1996), 『김영환, 시대정신을 말하다』, 시대정신, 2012, 21쪽.
32 김정일, 「주체사상에 대하여」(1982), 앞의 책, 178쪽.
33 김영환의 반성문이 검찰을 통해 보도되자 당시 언론들은 앞다투어 보도에 열을 올렸다. 전문과 요약문은 인터넷 검색으로 쉽게 찾을 수 있다.
34 『문화일보』, 1999. 10. 17. http://www.munhwa.com/news/view.html?no=199910183000201 (2020. 4. 11. 검색.)
35 그 결과물로는 다음과 같다. 思想の科学研究会編, 『共同研究 転向』 上中下, 平凡社, 1962.
36 藤田省三, 「'昭和二十年'を中心とする転向の状況」(1962). 인용은 다음과 같다. 藤田省三, 『転向の思想史的研究』, 岩波書店, 1975, 175~224쪽.
37 앞의 책, 225쪽.
38 渡辺清, 『砕かれた神: ある復員兵の手記』, 岩波書店, 2004.
39 패전 후의 이런 사정에 관해서는 다음을 참조한다. 김항, 『제국 일본의 사상』, 창비, 2015.
40 藤田省三, 앞의 책, 230~238쪽.
41 앞의 책, 230쪽.
42 하버마스는 『공론장의 구조변동』에서 내면을 법치의 바깥에 두고 보호하려는 소극적 자유가 내면의 보호를 법률로 규정하는(법률이 자유를 보증한다는 역설적 사태) 적극적 자유로 전환되는 과정을 '자유의 변증법'이라 부른 바 있다.
43 난바라의 담론에 대한 논의는 다음의 내용을 따랐다. Hang Kim, "Universalism and colonialism: reconsidering postwar democracy in Japan", *Inter-Asia Cultural Studies* 17-3, 2016, pp.481~495.
44 Theodor Adorno, *Jargon of Authenticity*, Northwestern UP, 1973.
45 한홍구, 「남한 주사파의 비극과 희극」(2004), 『한겨레 21』 535호. http://h21.hani.co.kr/arti/culture/culture_general/12567.html(2020. 4. 11. 검색.)
46 이에 관해서는 다음을 참조한다. 김항, 앞의 책.

에필로그:
혐오, 광주, 그리고 유신 체제

혐오의 전형

전장연(전국장애인연합)의 지하철 투쟁 국면에서 '국민의힘' 이준석 대표는 "선량한 시민의 불편을 야기해 뜻을 관철하겠다는 비문명적 방식"(2022년 3월 28일 국민의힘 최고위원회 석상)이라고 발언했다. 야당뿐 아니라 많은 이가 발끈했다. 갈라치기라고, '시위 장애인' 대 '선량한 시민'의 구도를 설정했다고 말이다. 하지만 스텝이 꼬였다. 갈라치기라고 비판하는 순간 시민과 장애인은 상호 충돌하거나 타협할 수 있는 두 집단임을 인정하게 된다. 그러나 시민과 장애인은 갈라칠 수 있는 두 집단이 아니다. 따라서 이것은 갈라치기가 아니다. 더 복잡한 위상학을 내포한 혐오의 언명이다.

 선량한 시민은 육체를 갖지 않는 전칭적, 추상적, 보편적 픽션fiction, 擬制이다. 반면 장애인은 육체를 전면에 내세운 부분적, 구체적, 개별적 실존이다. 그래서 저 분할은 이해관계를 달리하는 두 집단 사이의 갈등에서 비롯된 것이 아니다. 시민이 전칭적 픽션인 한 장애인 또한 시민에 포함된다. 그러나 시민은 장애인을 포함하면서 배제한다. 그것은 시민이란 픽션이 그 어떤 부분적이고 구체적이고 개별적인 실존을 허용하지 않음을 말해준다. 생각해보라. 왜 선량한 시민은 불편해서는 안 되는 것인가? 그것은 선량한 시민이 불편을 겪어서는 안 된다는 말이 아니다. 오히려 선량한 시민이 성립하기 위해서는 불편이 존재해서는 안 됨을 이야기해준다. 앞에서 말했듯 시민은 육체 없는 추상적 픽션이므로 불편이나 고통이 있을 수 없기에 그렇다. 다시 말해 어떤 불편이나 고통이 발생하는 순간 시민은 존립을 멈춘다. 시민이란 픽션을 위해 추방한 육체가 되돌아오기 때문이다. 그래서 선량한 시민'이' 불편'을' 느끼는 것이 아니다. 시민은 불편과 고통의 피안에 있는 픽션인 것이다.

현재 글로벌한 차원에서 벌어지는 혐오 현상은 이 맥락에서 이해되어야 한다. 특정 집단에 대한 혐오를 선동하는 자들은 언제나 스스로를 인간, 국민, 시민 등으로 내세운다. 그리고 그 특정 집단에 원초적 불쾌, 범죄 위협, 이익 침해, 전통 파괴 등을 중첩한다. '저들' 때문에 '우리'가 더러워지고, 위험해지고, 손해를 보고, 문화를 훼손 당한다는 단골 논법. 식상한 논법이지만 매우 강력하다. 개개인은 체액이 뒤섞인 성행위를 해도, 형법을 위반해도, 누군가와 이익을 다퉈도, 관습에 역행해도 시민 혹은 국민은 그런 짓을 하지 않기 때문이다. 거꾸로 말하자면 저런 짓을 하지 않는 한에서 시민 혹은 국민이 존립하기 때문이다. 사회적 평균, 선량한 시민, 건전한 상식, 미풍양속 따위의 말은 이렇게 육체 없는 픽션을 주어로 삼는 술어들이다. 먹고 싸고 숨쉬고 살을 섞는 삶이 없는 저 기묘하고도 괴상한 시민 혹은 국민이어야 이 술어의 주어가 될 수 있는 셈이다.

혐오는 이렇게 육체 없는 픽션에서 발화되고 수행되는 폭력이다. 그래서 여당 대표의 언명은 전형적 혐오의 논법이다. 선량한 시민을 주어로 내세워 육체를 앞세운 이들을 비문명, 즉 야만으로 몰았기 때문이다. 그리고 이 논법은 구성의 단순함을 무기 삼아 전자 신호를 타고 무한정 증폭된다. 그리하여 20대 남성이 혐오의 매트릭스로 지목된다. 그런 탓에 혐오는 새로운 현상으로 간주된다. 오만 가지 이유가 발견된다. 이익을 독점한 꼰대들, 헬리콥터맘의 훈육, 동년배 여성들에 대한 르상티망 등. 과연 그럴까? 아닐 터다. 혐오의 논법이 기본적으로 픽션 대 육체라는 포함하는 배제의 위상학을 토대로 삼는다면 지금 벌어지는 '반지성주의'의 향연은 더 뿌리 깊고 심각하다. 광주와 유신 체제로 눈을 돌리려는 까닭이다.

광주라는 내전

'광주'는 확실히 하나의 내전이었다. 하지만 이는 내전이 특정한 범주이며, 광주가 그 범주 속에 포함될 수 있는 하나의 사례라는 의미에서가 아니다. 범주가 여러 귀속 항을 관통하는 일관된 표지標識, criteria를 전제한다면, 다시 말해 모종의 규칙을 내포한다면 규칙의 위반으로만 존립할 수 있는 예외가 범주로 성립하기는 불가능하다. 그래서 내전은 범주일 수 없다. 통치를 규율하는 여러 규칙의 효력이 정지되어 상황과 조건에 따른 조치/명령으로 통치가 이뤄지는 사태를 예외

상태라고 한다면 내전은 예외상태가 현실 속에서 가시화되는 한 양태이기 때문이다. 그렇다고 내전을 단순히 통치의 여집합으로 간주해서도 안 된다. 내전은 국가를 전제하며(그 '안에서' 싸움이 벌어진다는 '국가' 없이 내전은 무의미하다), 그런 한에서 법의 효력이 정지되고 통치가 한계 영역에 다다를 뿐 국가는 사라지지 않기에 그렇다. 그렇다면 "'광주'는 하나의 내전"이라는 문장을 어떻게 이해해야 할까?

논리학과 집합론의 공리 체계를 염두에 둘 때 주어는 술어에 속하는 하나의 귀속 항이다. "사과는 과일"이라는 식으로 말이다. 하지만 술어가 범주로서의 지위를 갖지 못할 때 주어와 술어의 관계는 논리학과 집합론을 내파內破한다. 다시 말해 주어와 술어는 안정적 위치와 관계 속에서 자명한 의미를 구성하는 것이 아니라 거꾸로 의미의 안정성을 뒤흔들며 미지의 표상을 언어를 통해 개시하는 것이다. 그래서 "'광주'는 하나의 내전"이란 언명은 광주를 기지旣知의 범주를 통해 안정적 의미망 속에 가두는 일을 의미하지 않는다. 오히려 이 언명은 하나의 선언이자 전략이다. 내전이 국가의 한계 영역을 지시하는 표지라면, 다시 말해 국가 안에서 법과 통치가 분리되어 벌거벗은 권력이 국가를 지탱하는 상황을 지시한다면 광주를 하나의 내전으로 간주하는 일은 광주를 국가의 한계 영역에 위치하겠다는 선언이다. 또한 그것은 국가 속에 봉인된 광주, 즉 '광주'에 대한 '국가-희생-승리-민주화' 서사가 봉인한 무언가[2]를 해제하려는 전략이다.

확실히 '광주'는 1980년 5월 이래 내전이라기보다는 혁명 가까이에서 역사 기억과 미래 기획의 원천이 되어왔다. 죽음과 어둠을 넘는 황석영의 기록이 그랬고, 깃발 아래 단일대오를 형상화한 홍희담

이 그랬으며, 절대 공동체의 현현을 추출한 최정운이 그랬다. 이때 혁명은 "우리에게 '시작' 문제에 불가피하게 직접 대면하게 하는 유일한 정치적 사건"[3]이란 의미로 '광주'는 좁게는 군사독재 체제에서, 넓게는 근대적 자본주의의 기술 합리성을 넘어서는 — 그것이 아무리 좌절한 비극이라 하더라도 — 새로운 세계의 시작이라는 정념의 원천이었다. 1980년대를 통틀어 정념은 운동을 추동했고, 1990년대 이후 운동은 민주화로 승화되었다. 그 과정에서 '광주'는 현재의 국가를 정당화하는 기원의 폭력이 되었으며, 폭력은 혁명-시작의 정치로 전유되어 희생-승리의 역사가 되었다. '광주'에 투영된 미지의 세계와 공동체를 향한 정념은 어느새 국가가 체현하는 기지의 체제와 사회를 변증하는 명분이 되어버린 것이다.

그렇게 '광주'는 혁명으로부터 멀리 떨어진 역사와 기억의 박물관 속에 '전시'된 지 오래다. 〈택시운전사〉의 위험을 무릅쓴 모험은 결국 〈1987〉의 승리로 해피엔딩을 맞이한다. '민주화' 서사를 이루는 수많은 이 개별 작품은 극장, 스마트폰, PC, TV를 거대한 역사 전시관으로 엮어 '광주'를 기점으로 한 1980년대를 비가역적 과거로 박제화하는 것이다. 하지만 과연 이 전시와 〈인천상륙작전〉에서 〈국제시장〉에 이르는 전시 사이의 거리는 얼마나 될까? 밀실과 광장이라는 정치적 수행성의 표상이 무의미해진 것처럼 보이는 지금의 한국에서 말이다.

한국 현대사에서 권력과 자원을 독점한 밀실의 통치와 자유민주주의를 희구한 광장의 운동은 정치적 수행성의 대척점을 이뤘다. 전자가 후자를 넘볼 수 없었고, 후자가 전자를 추구할 수 없었던 것이다. 하지만 촛불과 태극기가 광장에서 뒤섞이고, 민주 투사들이 특권의 화신으로 지탄 받으며, 밀실의 권력이 권좌에 앉게 된 상황에서 두 전시 사이의 거리는 한없이 가까워진다. 그랬을 때 국가의 서사를 광장의 패러다임으로 교체한 광주는 어떤 자리에 놓여 있는 걸까? 학살자의 잔당과 권좌를 차지한 밀실의 권력자가 5·18 묘역을 참배하는 지금 이곳 한국에서 말이다. 광주의 잠정적 귀결이 검찰 대통령이었다는 웃지 못할 블랙 코미디일까? 아마 모든 것은 광주를 국가화했을 때부터 예견된 일이었는지도 모른다. 비극과 희생을 극복하여 승리한 민주주의라는 서사 속에 광주를 가두었을 그 언저리부터.

그래서 광주를 내전으로 이해하는 것은 국가화된 광주에 맞서는 일이다. 그렇게 이해된 광주는 유신 체제 속의 인민 형상이 극한적으로 현현한 상황으로 재전유된다. 광주는 전칭적 국민과 개별적 육체를 명료하게 분리한 유신 체제가 어떤 귀결을 낳았는지 끔찍이 명료하게 보여준 사태다. 하지만 광주의 국가화는 유신 체제의 인민 형상을 부지불식간에 회복하여 광주를 박물관에 봉인했다. 그렇기에 광주가 내전이란 언명은 민주화와 유신 체제가 공모한 광주라는 박물관을 내파하는 일이다. 이를 위해 1장과 2장에서 살펴본 내전론을 다시 한 번 생각해보자.

이때 상기해야 할 것은 내전에서 적과 동지가 비대칭적일 뿐 아니라 복잡한 위상학 속에 내던져진다는 점이었다. 국가 대 국가의 전쟁에서 적과 동지는 대립하는 '동등한' 인간 집단이다. 어떤 국가의 국민인 한에서 인간 집단은 정치적인 것의 담지자가 되는 셈이다. 그러나 내전에서 사정은 다르다. 원인이 어디에서 비롯되었든 내전은 국가를 찬탈하려는 복수의 세력 사이에서 벌어지는 무력 충돌이다. 그런 한에서 내전의 주체들은 모든 국민을 참칭한다. 즉 국민 대 국민 사이에서 벌어지는 대외 전쟁과 달리 내전은 국민 대 비국민 사이에서 벌어지는 물리적 살육인 셈이다. 그래서 내전은 배제와 추방과 말살의 전개 양상을 보인다. 특정 집단을 국민이 아닌 자들로 지목하므로 국가 안에 그들의 거처와 흔적을 깡그리 일소할 때까지 전쟁이 끝나지 않기에 그렇다. 내전이 국가의 극한 영역을 지시함과 동시에 전쟁의 극한을 지시하는 까닭이다.

이렇듯 내전은 비대칭적인 적과 동지의 구분 위에서 벌어진다. 그것은 언제나 국민과 비국민 사이에서 벌어지기 때문이다. 여기서 비국민은 외국인과 다르다. 외국인은 어디까지나 어떤 국가의 국민이다. 하지만 비국민은 그 어떤 국가라도 국가 내부에 거처를 갖지 못하는 인간 형상이다. 내전이 필연적으로 난민을 낳게 되는 이유가 여기에 있다. 그런데 이 비대칭성은 그저 비국민이 국민의 여집합이라는 단순한 관계 위에 성립하지 않는다. 내전의 한 당사자에게서 비국민으로 취급 받는 이들은 어디까지나 여전히 국민이기에 그렇다. 내전에서 참칭 당하는 국민은 국민의 한 부분만을 국민으로 인정하는 논법을 취하지 않는다. 이때 국민은 어디까지나 '모든 국민'을 포함하는 것이며, 그런 한에서 전칭적이고 추상적이고 보편적이다. 따라서 비국민은 국민 내부의 특정 집단을 물리적으로 배제하는 것을 뜻하지 않는다. 비국민은 일정 부분을 차지하는 국민의 한 부분이라기보다는 국민이 성립하기 위해서는 배제되어야 할 국민의 형상이라 할 수 있다. 즉 비국민은 국민에 포함되지만 배제되는 위상학 자체를 지시하는 하나의 비-범주인 것이다.

그래서 내전은 국민을 분할한다. 전칭적이고 추상적이고 보편적인 국민과 그 국민이 성립하기 위해 배제되어 추방 당해야만 하는 비국민으로. 그리고 국민 내부에 비국민이 있기에 그것은 항시 식별과 적발과 고발로서만 지시될 수 있는 지극히 수행적인 '적'이다. 그렇기에 내전은 국가가 만성 신경증에 시달리게 만든다. 국민을 유지하기 위해 자나 깨나 비국민을 식별하고 적발하고 고발하여 말살하거나 추방해야 하기에 그렇다. 유신 체제는 이 신경증을 치유하는 통치약이었다. 유신 체제는 국민과 비국민에 명확한 법적 표현을 부여하여 전자의 후자에 대한 우위를 '규칙화'하는 헌법 위에 성립한 체제였기 때문이다. 광주가 이 규칙의 효력이 정지되는 사태였다면, 이후 전개된 민주화는 광주가 내전에 저항한 사태였음을 은폐하여 다시 국가를 성립시키는 과정이었다. 그것은 유신 체제의 규칙을 다시금 확립하는 과정이기도 했다. 현재의 혐오 현상은 그 귀결이다. 유신 체제의 규칙을 들여다볼 차례다.

유신 체제와 국민의 위생화[4]

박정희는 1969년 3선 개헌을 밀어붙인 뒤 1971년 대선에서 가까스로 승리한다. 이후 전개는 일사불란했다. 1971년 10월 15일의 위수령, 12월 6일의 국가비상사태 선언, 12월 27일의 국가 보위에 관한 특별 조치법 등 일련의 조치로 외곽을 탄탄히 다진 뒤 이듬해인 1972년 10월 17일, 대통령 특별 선언 발표와 전국 비상 계엄령 선포, 그 열흘 뒤인 10월 27일, 특별 담화와 유신 헌법 개정안 비상 국무회의 상정과 의결을 전광석화처럼 처리했다. 약 1년에 걸쳐 법률적 행위를 무화하는 비상 조치로 초헌법적 절차에 의해 헌법 개정을 이뤄낸 것이다.

종신 집권을 위한 헌법 차원의 국가 체제 변개는 이렇게 이뤄졌다. 헌법학자 갈봉근은 이 헌법의 특성을 '통일주체국민회의'가 가능하게 하는 강력한 '국가적 권력'의 성격에서 찾은 바 있다. "유신 헌법의 특성을 지적해본다면 국가적 권력은 개별적 이익의 대표자인 정당이나 정치인에게 맡기지 않고 국민 전체의 에너지로 정의하고 있다."[5] 국가적 권력이란 '민주적 권력'과 대비되는 것으로 "개별 이익을 추구하는 권력을 민주적 권력이라고 한다면, 국가적 이익을 추구하는 권력을 국가적 권력"이라 구분할 수 있다. 이는 "국민 전체가 추상화되는 공민으로서 파악되는 국민 개념"과 "개개인의 국민이 현실인으로 정의되는 국민의 개념"이라는 국민 개념의 구분에 기초한다.[6] 그리고 유신 헌법에서 "국가적 권력은 대통령에게, 민주적 권력은 정부와 국회에게 각기 그 행사를 위임하고" 있으며, "국가적 권력을 민주적 권력의 우위에 두고 있다."[7]

이런 구분과 위계 설정 위에서 유신 체제의 독특한 제도인 통일주체국민회의가 이해될 수 있다. "통일주체국민회의는 한국의 독특한 헌법 현상"으로 "한국적 민주주의의 중요한 성패 원인"[8]이다. 그 까닭은 통일주체국민회의가 대통령과 국회라는 "두 국민의 대표 기관 사이에 명확한 위계"를 두기 위해 마련된 "불가분적 국민 의사의 구현체"[9]이기 때문이다. 즉 통일주체국민회의는 개별 이익을 추구하는 개개인이나 정당이나 조합이나 기업 등을 대표하는 것이 아니라 분할할 수 없고 하나의 의지를 가진 추상적 국민 주권을 대표하는 것이다. 통일주체국민회의는 일반 의지 혹은 국민 주권이라는 "추상화"된 국민 개념을 가시화하고 인격화하고 현실화하는 "기구"[10]이기에 그 대의원들은 "정당과 무관한 인사들로만" 구성되며, 그 까닭에 "개별 이익을 완전히 배제한 단일 불가분적인 국민총의를 대표"[11]할 수 있는 것이다.

여기에 전칭적, 추상적, 보편적 국민 개념이 법과 통치 제도에서 명료하게 구현된다. 국민 전체의 에너지를 개별 국민의 이해관계로부터 분리하는 위와 같은 발상은 사실 근대 정치사상이 꿈꿔온 이상이기도 했다. 보댕에서 홉스를 거쳐 루소까지 근대 정치사상을 관통하는 관심 중 하나는 주권의 단일성이었으며, 이를 지키기 위해 내전을 억제하는 일이었다. 유신 헌법은 이 오래된 관심을 국민의 분할 속에서 명료하게 표현한다. 이제 국민은 전체와 개별로 나뉘고, 전자는 후자에 대한 절대적 우위를 차지한다. 후자는 결코 국가적 권력에 관여하거나 그것을 거스를 수 없다. 통일주체국민회의는 개별 국민이 아니라 전체 국민을 대표하기 때문이며("개별 이익을 완전히 배제"), 개별 국민은 그런 전체 국민의 하위 부분에 지나지 않기 때문이다. 하지만 전체 국민과 개별 국민 사이에는 건널 수 없는 심연이 있다.

[국가적 권력과 민주적 권력의] 조화는 바로 '정당국가'적 체제의 배제에서 모색되고 있으며 통일수체국민회의의 대의원들은 이 나라의 민주주의를 '탈정치화'하는 데에 앞장서고 있다.

    그 유신 헌법 아래에서는 대의원들로 하여 정당의 개념 자체가 바뀌고 있다. 즉 정당이란 원래 정권을 장악하기 위해 만들어진 조직체인데 오늘날의 정당은 국회에서 대통령이 추진하는 국가 재건과 통일 사업을 뒷받침하는 위치에 있게 되었다. (…)

정당은 정권 장악의 꿈을 버렸다. 아니 버리지 않을 수가 없었
다. 그것은 유신 정체의 관건인 대통령이 완전히 '탈정치화'한 통일
주체국민회의의 대의원들에게서 선출되기 때문이다. (…) 따라서 정
당은 정권의 쟁취와는 전혀 관계없는 제도로 변질하였으며, 여기서
통일주체국민회의의 대의원들이 한국적 민주주의의 실현에 공헌한
공로가 높이 평가되는 것이다.

그뿐 아니라 통일주체국민회의의 대의원들은 국민의 구체적이
고 개별적인 의사나 이해관계를 여과하여 단일적이고 추상적인 국
민의 합일성으로 승화하고 있다.[12]

민주주의는 탈정치화되고 정당은 수권을 목표로 조직되거나 운영
되어서는 안 된다. 개별 국민의 이익을 대변하는 정당은 그 이익을 정
치화하는 일을 단념해야 한다. 그런 의미에서 민주주의의 탈정치화가
의미하는 바는 내전의 철저한 봉쇄다. 개별 국민이 저마다의 존엄성
이나 이해관계를 내세워 정치화하는 일, 다시 말해 스스로의 존엄이
나 이익을 국민의 이름으로 주장하는 일은 차단된다. 국가가 '모두의
것res publica'을 토대로 하는 인간 집단의 조직 방식이라고 할 때 이 모
두의 것은 이제 개별 국민이 탐하거나 만지거나 가질 수 없는 영역에
자리하게 된다. 모두의 것은 철저하게 전체 국민의 것이기 때문이다.
그리고 이 국민이 "단일적이고 추상적인 국민의 합일성" 자체인 한에
서 전체 국민은 육체를 갖지 않는다. 먹고 싸고 숨 쉬고 살을 섞는 삶
은 전체 국민에게서 배제된다. 그 육체적 삶은 개별 국민, 즉 "사회학
적 현실로서의 국민 대중"에게 할당되는 것이다.

여기에 저 혐오와 내전의 위상학이 명료한 규정을 얻는 원천적 장면이 있다. 개별 국민은 전체 국민에 포함되지만 배제되기에 그렇다. 이제 개별 국민의 존엄, 이해관계, 욕망 등은 국민이 분열되고 오염되고 파괴되는 비국민으로 감시되고 적발되고 고발되고 추방 당한다. 그래서 유신 체제를 수놓았던 긴급 조치들은 내전의 전개를 원천적으로 봉쇄하는 조치들이었다. 유신 체제가 온갖 원초적 불쾌를 야기하는 육체를 국민에게서 추방하기 위해 취한 위생적 조치를 핵심으로 했던 까닭이다.[13] 이런 맥락에서 광주는 봉쇄된 내전이 현현한 사태였다. 그것은 개별 국민이라 명명된 비국민들의 강요된 반란이었기 때문이다.

지독히 오래된 혐오

광주는 확실히 기원의 폭력으로 기억되어왔다. 이후의 민주화를 이끌었고, 한국의 정당한 국민 서사를 민주화로 바꾼 혁명으로서 말이다. 하지만 광주를 그런 국민 서사로 전유한 대가는 무엇일까? 아마도 그것은 그런 정당성 이전에 하나의 꿈틀대는 몸부림을 망각의 구멍(아렌트)으로 내모는 일이었을 것이다. 저항군의 몸뚱이가 비국민으로 추방되고 말살되는 위상학의 망각이기도 하다.

수많은 '광주'의 기록은 저마다의 맥락 속에서 정리되고 해석되고 서사화되어왔다. 물론 여전히 '광주'를 부인denial하는 데마고그가 도처에 만연해 있다. 그 모든 허위와 혐오의 데마고그는 광주를 북한과 폭도라는 음모론으로 상처 낸다. 그런데 이들의 혐오로 광주의 무엇이 상처를 입는 것일까? 광주의 진실이? 그렇다면 그 진실은 무엇인가? 북한과 폭도라는 허위를 제거하면 상처는 치유되는 것일까? 북한

군의 개입이 없었고, 폭도가 아니라 선량한 시민이라고 하면 상처는 아무는 것일까? 그리하여 광주는 민주주의의 초석이었고, 현재 한국을 성립한 숭고한 희생이라고 기억하면 모든 문제는 해결되는 것일까?

이것은 광주를 국가화된 박물관에 전시하는 발상이다. 음모론으로 상처를 입는 것은 물론 광주다. 하지만 그 상처를 '진실'을 통해 치유하려 할 때 치유되는 것은 국가화된 광주뿐이다. 광주의 피비린내 나는 전장을 지켰던 비국민의 육체는 또 한번 망각의 구멍에 빠지기 때문이다. 영화 〈김군〉의 감독은 다음과 같이 말한다. "넝마주이 청년이 5·18항쟁의 선봉에서 활동했다는 사실은 시민들의 증언들을 통해 구전되긴 했지만 국가에 의해 공인된 '5·18 민주화운동' 서사에서는 잘 이야기되지 않는 부분"이며, "오히려 숭고한 민주화운동을 폄하하는 우익 세력의 농간이라는 주장"이 있을 정도라고 말이다.[14] 하지만 항쟁 당시 마지막까지 도청에 남은 사람 대부분은 '김군'과 같은 하층민이었다. 생존자는 증언한다. "끝까지 남은 자들도 대부분 하층민 … 황금동 '성판매 여성', '배우지 못한 사람', '가구공', '구두닦이'가 주류를 이뤄요. 끝까지 남은 자들은 그 사람들이에요. (…) 그분들이 시체를 씻기고 입관하면서 자신의 긍지라든가 자존감을 … 그렇게 했기 때문에 질서가 유지되고 전체적으로 사고 없이 오월(활동)을 했다고 보죠. … 김군도 잃을 것이 없는 사람 같아 보여요. 새 세상을 갈망하는…."[15]

이 비국민들의 육체는 아마 항쟁 초기부터 망각의 운명에 있었다고 해야 할지도 모른다. "지금 광주에서는 제2의 군사독재를 저지하기 위해 젊은 대학생들과 시민들이 피를 흘리며 싸우고 있습니다. 애

당초 유신 잔당의 척결과 민주 정부의 수립을 부르짖는 순수한 대학생들의 평화적 시위를 질서 유지와 진압이라는 명목 아래 저 잔인한 공수부대를 투입하여 이루 말할 수 없을 정도로 시민과 학생을 무차별하게 살육하였고 더군다나 발포 명령을 내렸던 것입니다. 이에 우리 광주 시민 일동은 이 고장을 지키고 이 민족의 민주의 혼을 지키고자 분연히 총을 들고 일어섰던 것입니다. 그러나 계엄 당국과 이의 허수아비인 일부 언론은 순수한 광주 시민의 의거를 불순배의 선동이니, 폭도의 소행이니, 난동이니 하여 일방적으로 몰아붙이고만 있습니다."(1980. 5. 26. '광주 시민 일동' 명의의 '광주 시민은 통곡하고 있다' 유인물) 명백히 여기서도 시민과 불순배와 폭도는 구분된다. 그런 의미에서 광주 시민 안에서조차 혐오의 위상학이 등장한다고 해석할 수도 있다. 하지만 불순배나 폭도가 국가에 의해 붙여진 이름임에 주의해야 한다. 여기서 광주 시민들이 불순배나 폭도라는 비국민의 낙인찍기를 시민의 이름으로 거부한다는 점이 중요하다. 즉 저 유인물에 등장하는 시민은 국민/비국민의 분할을 거부하는 하나의 자기 명명이었던 것이다. 하지만 광주를 원점으로 삼은 이후의 '민주 시민'은 이 분할을 거부하는 자기 명명의 몸부림을 시민에게서 박탈한다.

"민주화운동 세력은 일반 국민이나 시민들과, 말하자면 물고기와 물의 관계를 맺고 있습니다. 물고기가 물을 떠나 살 수 없듯 우리 민족민주 세력은 대주의 지지 없이는 존립할 수 없죠. 그런데 자신과 의견이 맞지 않는다고 아무한테나 심한 욕설을 퍼부어서 토론 분위기를 망치거나 국민대회가 다 끝났는데도 계속 지나가는 차량에 돌을 던지며 시민들의 일상생활에 불편을 주는 것, 그리고 같이 죽자는 말로 공포 분위기를 부추기는 일이 솔직히 많지 않았습니까? 심지어 어떤 분은 한국은행을 불태우러 가자는 얼토당토않은 발언도 하시더군요."[16]

요절한 소설가가 날카로운 촉수로 짚어낸 이 장면은 광주 이후의 민주화가 유신 체제와 무엇을 공유했는지를 여실히 보여준다. 비약이라고 말할지 모른다. 하지만 과연 그럴까? 이 장면에서 불순배나 폭도와 같이 묘사된 '밥풀때기'들은 '일반 국민'과 구분되며 '시민들의 일상생활'에 해를 끼치는 이들이다. 여기서 또 저 위상학이 지겹게도 반복된다. 바로 '일반, 국민/시민, 일상'에 특정 집단이 포함되면서 배제되는 위상학이다. 국가화된 광주의 기억에서도 이 위상학은 고스란히 반복된다. 그것은 이제 여당 대표의 말에서도 정확히 동일하게 되풀이된다. 그래서 단순하고 새로운 갈라치기가 아니다. 뿌리 깊고 심각하고 끈질긴 계보의 반복이자 존속이다. 학살자의 잔당, 밀실의 권력자, 능력주의의 광신도들, 그리고 민주화의 주역들이 공모한 반복이자 존속이다. 국민 혹은 시민의 이름 아래에서 말이다.

지금 여기 한국의 국민 됨 혹은 시민 됨은 이렇게 오래된 혐오 위에 굳건히 서 있다. 또한 이것은 인간과 피식민자의 영혼이 현재진행형으로 출현하고 창조되는 현장이다. 오늘도 어디에선가 인간은 출현 중일 테고, 영혼은 누군가를 자기 파괴로 내몰고 있을 것이다. 아쉽지만 이 폭력과 파괴를 재연하는 의례는 여기서 막을 내린다. 내일도 반복될 장면을 또 한번 기록할 것임을 다짐하면서.

1 광주항쟁, 광주민주화운동, 광주사태 등 기존의 모든 명칭을 본문에서는 1980년 5월의 광주를 '광주'로 표기한다.
2 이에 관해서는 다음을 참조한다. 김항, 「국가의 적이란 무엇인가」, 『무한 텍스트로서의 5·18』, 문학과지성사, 2020.
3 한나 아렌트, 『혁명론』, 홍원표 옮김, 한길사, 2004, 85쪽.
4 이 절은 다음의 내용을 요약했다. 김항, 「육체 없는 국민의 건강과 혐오: 현대 한국의 '정치위생학' 비판」, 『상허학보』 61집, 2021, 114~121쪽.
5 갈봉근, 『統一主體國民會議論』, 광명출판사, 1973, 10쪽. 이 작은 책자는 유신 체제 국민론의 표준화된 해석을 제공했다.
6 앞의 책, 10쪽.
7 앞의 책, 같은 쪽.
8 앞의 책, 11쪽.
9 앞의 책, 15쪽.
10 앞의 책, 같은 쪽.
11 앞의 책, 17쪽.
12 앞의 책, 37~38쪽.
13 이에 관해서는 다음을 참조한다. 김항, 앞의 책.
14 강상우, 『김군을 찾아서』, 후마니타스, 2020, 35쪽.

15 앞의 책, 119쪽.
16 김소진, 「열린 사회와 그 적들」, 『열린 사회와 그 적들』, 문학동네, 2014.

저강도 총서

오늘날 우리의 삶은 개발과 성장 패러다임의 교착 상태에 처해 있다. 인류의 생존 조건을 지탱해온 토대가 무너지고 있는 요즘 여전히 우리 사회는 현재의 습속에 매여 미래를 상상하는 일을 방기하고 있다. 모두가 공감하고 동의하면서도 무엇을 해야 할지 모르는 묘연한 상태다. 그러나 상황이 꼭 비관적인 것만은 아니다. 모든 것이 회색으로 변하는 이 상태는 곧 새로운 사건이라는 빈 서판 tabula rasa의 조건이기도 하기 때문이다. 물론 이 빈 서판은 결코 비어 있는 것이 아니라 과거의 습속이 단절된 상태를 의미한다. 미래는 여전히 오지 않았지만 지금의 시간이 흐른다고 도래하지 않는다. 지나간 과거의 사건을 되돌아보고 다시 창조할 때에 비로소 현재의 지체를 끊어낸 미래의 시간이 태어날 수 있다. 저강도 총서가 목표로 삼는 것은 이런 과거의 재창조다. 삶이 강밀도의 배치라고 했을 때 우리는 삶의 가속화에 저항하는 글쓰기를 지향한다. 시간의 탈구를 직접 경험하기 위해 우리는 가속화에 대항하는 저강도의 자세를 고집한다. 낮게 머물면서 집요하게 관찰하고 기록하는 끈기가 저강도 총서의 강령이다.

저강도 총서 1

내전과 위생
인간의 출현과 자본–식민주의 비판

초판 1쇄 발행 | 2024년 9월 30일

지은이 | 김항

편집 | 김유정
디자인 | 김대욱

펴낸이 | 김유정
펴낸곳 | yeondoo
등록 | 2017년 5월 22일 제300-2017-69호
주소 | 서울시 종로구 부암동 208-13
팩스 | 02-6338-7580
메일 | 11lily@daum.net

ISBN | 979-11-91840-45-2 (03300)

책의 일부 또는 전부를 사용하려면 저작권자와 출판권자의 동의를 받아야 합니다.
책값은 뒤표지에 적혀 있습니다.